Variations juridiques et sociologiques

Regards experts sur de grandes mutations du Droit

Droit privé et sciences criminelles

Collection dirigée par Yves Strickler

Créée fin 2011 par Yves Strickler et le Centre d'études et de recherches en droit privé (devenu le Centre d'études et de recherches en droit des procédures en 2013) de la Faculté de droit et science politique de Nice, la présente collection a pour vocation principale de publier des ouvrages en liaison avec le thème retenu pour dénomination de la collection. Cette dernière rassemble des recherches originales, tirées notamment de travaux de recherche, de manifestations scientifiques ainsi que d'ouvrages collectifs sur les interrogations actuelles que rencontre la science juridique, spécialement dans le domaine du droit privé et des sciences criminelles.

Parutions

Les aspects procéduraux du dessaisissement, par Benjamin Ferrari, 2016.
Le droit et les sentiments, dir. Laurie Bolleri-Schenique et Delphine Lanzara, 2015.
L'erreur judiciaire : Apprendre à douter pour lutter contre les erreurs judiciaires, dir. Xavier Pin, 2015.
Fonctionnaires et droit pénal. Des justiciables comme les autres ?, dir. Marc Dalloz et Christine Courtin, 2015.
L'expertise non judiciaire à l'aune des droits fondamentaux, par Thibault Goujon-Bethan, 2015.
Un art, un droit, une question - Triptyque juridico-artistique, dir. Diane Boustani, Dalida Chabri, Marion Combe, Sarah Farhi, Marie-Cécile Lasserre, 2014.
Le paiement, dir. M. Mignot et J. Lasserre Capdeville, 2014.
Le droit de l'exécution des peines : espoirs ou désillusions ?, dir. Fabienne Ghelfi, 2014.
Le vice de procédure. Réflexions désordonnées d'un artisan du droit sur l'article 2241, alinéa 2 du Code civil, par Denys Mas, 2014.
Variations juridiques et politiques. Clés pour la compréhension du monde contemporain, dir. Yves Strickler, 2013.
Les infractions de harcèlement, par Sylvana Paradiso, 2013.
Volonté et biens. Regards croisés, dir. Yves Strickler et Fabrice Siiriainen, 2013.
La réforme de la garde à vue, dir. Christine Courtin, 2013.
L'arbitrage. Questions contemporaines, dir. Yves Strickler et Jean-Baptiste Racine, 2012.
Le prix de la rupture. Au coeur des contentieux familiaux, dir. Laetitia Antonini-Cochin et Christine Courtin, 2012.

Textes réunis par
Marc DALLOZ

Variations juridiques et sociologiques

Regards experts sur de grandes mutations du Droit

L'Harmattan

5-7, rue de l'École-Polytechnique - 75005 Paris
www.harmattan.fr
diffusion.harmattan@wanadoo.fr
ISBN : 978-2-343-09941-5
EAN : 9782343099415

Responsable scientifique
Marc DALLOZ

Auteurs (ordre alphabétique)

Thomas AMOSSE, Sociologue, Administrateur de l'INSEE, Chercheur au Centre d'Etudes de l'Emploi

Christine COURTIN, Maître de conférences HDR de l'Université Nice Sophia Antipolis, membre du CERDP (EA n° 1201)

Natalie FRICERO, Professeure à l'Université de Nice Sophia Antipolis, membre du CERDP (EA n° 1201), Directrice de l'Institut d'Etudes Judiciaires

Mathias LATINA, Professeur à l'Université de Nice Sophia Antipolis, directeur du CERDP (EA n° 1201)

Irina PARACHKEVOVA, Professeur à l'Université de Nice Sophia Antipolis (GREDEG-CREDECO, CNRS UMR n° 7321)

Jean-François RENUCCI, Professeur à l'Université de Nice Sophia Antipolis, directeur du CERDP (EA n° 1201)

Marina TELLER, Professeur à l'Université de Nice Sophia Antipolis (GREDEG-CREDECO, CNRS UMR n° 7321)

Christophe TUKOV, ancien magistrat judiciaire, Premier Conseiller au Tribunal Administratif de Nice, Rapporteur public

Sommaire

Avant-propos

Marc DALLOZ

À l'initiative de son directeur, le Professeur Yves Strickler, le CERDP organise chaque année des Doctoriales. Il s'agit d'une manifestation destinée aux doctorants du CERDP, mais ouverte bien plus largement, consistant en une semaine de conférences sur des thèmes variés, dans diverses disciplines pas uniquement juridiques, suivies de débats entre les contributeurs et les jeunes chercheurs. L'idée est à la fois d'enrichir leurs analyses au contact de spécialistes, mais aussi de leur ouvrir des pistes de réflexion et de les sortir un peu du risque d'enfermement dans leurs travaux. En 2015, l'organisation m'en avait été confiée et ces Doctoriales se sont déroulées du 03 au 06 novembre à la Faculté de Droit de Nice.

Le premier enseignement tiré de cette expérience et qui me semble devoir être mis en exergue dans cet avant-propos est le formidable dévouement des universitaires et des juristes pour la formation de nos doctorants. Je tiens à dire à quel point il a été facile d'obtenir l'accord de principe de tous les brillants intervenants sollicités. Magistrats ou professeurs, locaux ou extérieurs, les dix conférenciers - dont les activités professionnelles multiples auraient facilement pu servir d'alibi pour décliner l'invitation - ont tous, immédiatement et volontiers, accepté de consacrer du temps et de la réflexion au profit de nos jeunes chercheurs. C'est la force et la grandeur de l'Université de voir ainsi quelques-uns de ses plus brillants représentants se mobiliser de façon totalement désintéressée au service de nos étudiants et de leur formation. À titre personnel, ces marques de confiance et d'amitié m'ont particulièrement touché et je tenais à remercier ici chacune et chacun d'eux.

Le second enseignement fourni par ces Doctoriales tient à la vitalité de la science juridique. Ce fût une semaine d'une grande richesse, passionnante et passionnée, stimulante intellectuellement et exigeante scientifiquement... Les jeunes chercheurs y auront trouvé des pistes de travail, des conseils de lecture et des raisons de persévérer dans leurs efforts. Ils auront surtout pu bénéficier de parfaits exemples de ce qu'est la pensée juridique, au gré non pas d'un mais de dix brillants exemples.

Une telle richesse ne pouvait rester le privilège de celles et ceux, certes nombreux, qui ont assisté aux Doctoriales. Il était indispensable que ces contributions soient publiées. Pour diverses raisons, elles n'ont pas toutes pu être réunies ici, mais celles qui le sont permettent de mesurer la qualité des conférences et des débats qui ont agrémenté cette manifestation.

Pour en rendre compte humblement dans le cadre de cet avant-propos, le terme le plus opportun est sans doute celui de PERSPECTIVES, dans sa double acception : tantôt « observation d'un objet sous un certain angle dans sa dimension et sa profondeur », tantôt « manière dont on projette dans l'avenir le développement d'une situation actuelle »[1]. Car au Droit vu en perspective se sont ajoutées de belles perspectives pour le Droit et les juristes.

Le Droit en perspective, ce fût d'abord le cas avec l'intervention du Professeur Frédéric Rouvière. Habitué des interventions dans notre Faculté, ce collègue est venu en voisin ouvrir cette semaine de conférences avec une intervention sur « La technique juridique, série d'opérations conceptuelles ». Observée depuis la hauteur de ses connaissances et réflexions en Théorie du Droit, cette matière que l'on croit familière se révèle dans toute sa structure intellectuelle. « Qualifier », « Décrire », « Interpréter », « Inférer » et « Questionner » constituent, a-t-il expliqué, l'ossature essentielle de la technique juridique. Nul doute que les doctorants présents auront reconnu, dans ses analyses limpides, ce qui les (pré-)occupe quotidiennement et qu'ils passent leurs journées et parfois leurs nuits à tenter de mettre en œuvre. Le texte de cette intervention n'est pas dans le présent recueil, le Professeur Rouvière ayant pris auparavant des engagements pour la publication de cette recherche[2]. Je ne saurais trop conseiller à chacun d'aller la lire et d'en tirer profit pour mesurer à quel point elle était une introduction parfaite à cette semaine des Doctoriales.

---

[1] Dictionnaire historique de la langue française, dir. A. REY, Larousse, t. II, p. 2680.
[2] F. ROUVIERE, La technique juridique comme série d'opérations conceptuelles, *in* « La technique juridique », Bruylant, 2016.

C'est avec toujours autant de hauteur, mais avec un autre point de vue que Thomas AMOSSE a ensuite mis le droit en perspective. Polytechnicien, administrateur de l'Insee, chercheur au Centre d'Etudes de l'Emploi, c'est en sociologue que ce brillant esprit est venu partager ses réflexions sur le thème « Droit et Statistiques : éléments d'une histoire croisée ». Analysant les œuvres d'Alain Desrosières et d'Alain Supiot, il a magistralement mis en évidence des passerelles entre la loi et le chiffre, des similitudes d'approches ou d'évolution entre le droit et la statistique publique. Avec une grande profondeur et une formidable érudition, mais en conservant toujours le souci d'être accessible pour mieux convaincre, M. Amossé a su exprimer les liens qui unissent *homo juridicus* et *homo statisticus.*

C'est une autre perspective encore, celle issue du regard d'un grand praticien, qui fut offerte aux doctorants par M. Chemama. Ancien avocat aujourd'hui Doyen des juges d'instruction près le Tribunal de grande instance de Nice, ce magistrat revient toujours très volontiers dans les amphithéâtres où il a suivi sa formation universitaire. À la demande de certains doctorants du CERDP, M. Chemama a accepté de traiter de « l'interrogatoire ». Au-delà des textes qu'il connaît bien sûr parfaitement, c'est sa double expérience d'ancien défenseur de l'interrogé et aujourd'hui magistrat chargé de recueillir les dires des personnes susceptibles de concourir à la manifestation de la vérité qui a rendu cet exposé passionnant.

C'est enfin une perspective très originale, voire iconoclaste, qui fut avec beaucoup de conviction et d'autorité présentée par M. Tukov. Ancien magistrat judiciaire désormais premier Conseiller au Tribunal administratif de Nice, cet autre fidèle conférencier de la Faculté de Droit de Nice[3] avait choisi de partager ses réflexions sur « La notion de droit fondamental, facteur politique de socialisation de l'individu ou cause juridique d'atomisation de la société ? ». En s'appuyant sur des problématiques d'actualités contemporaines telles que le mariage pour tous, le statut de l'animal ou la loi sur le renseignement et la lutte contre le terrorisme, il a mis en lumière certaines ambiguïtés de notre modèle de démocratie « occidentale » dont les droits fondamentaux sont considérés comme l'un des éléments constitutifs.

---

[3] M. TUKOV est chercheur associé au CERDP.

D'en haut, d'ailleurs, de l'intérieur ou décalé, chacun de ces angles de vue a offert de stimulantes pistes de questionnement et de réflexion. Et à cette grande richesse issue de l'observation du Droit sous différentes perspectives se sont ajoutées de nombreuses pépites où furent analysées les perspectives du Droit.

Les perspectives du Droit, ses trajectoires seulement ébauchées ou d'ores et déjà tracées, ce sont des collègues et amis Professeur(e)s de l'Université de Nice Sophia Antipolis qui sont venus les dessiner pour nos doctorants. Le Professeur Jean-François Renucci, pour répondre là encore à une sollicitation de quelques jeunes chercheurs, est venu faire le point sur la façon dont la Cour européenne des Droits de l'Homme considère le Procureur de la République et son rôle dans les étapes clés de la procédure pénale française. Le Professeur Mathias Latina a exposé la genèse et les traits caractéristiques de la réforme si longtemps attendue du droit des contrats et dont il a su donner une image à la fois générale et subtile. La Professeure Natalie Fricero a dressé le tableau des enjeux et des propositions issues du vent de réforme qui souffle actuellement sur la Cour de cassation et à laquelle elle contribue. Deux de ces trois contributions sont réunies dans le présent ouvrage et il reste, dans les productions écrites, quelque chose de cette passion qui anime à l'oral ces éminents collègues chaque fois qu'ils ont l'occasion de traiter des sujets qui leur sont pourtant si familiers et qu'ils maîtrisent si parfaitement. Outre les doctorants, des étudiants, des avocats et des collègues sont venus nombreux. Tous savaient pouvoir trouver ainsi une triple occasion de profiter du si savoureux cocktail issu de la maîtrise du fond, de l'art de la forme et de la passion de transmettre.

Les réformes ainsi présentées sont en cours ou à venir et ouvrent des perspectives à relativement court terme[4], mais c'est un mouvement plus profond, une tendance plus globale, une évolution plus radicale, peut-être même une révolution que voulaient aborder les

[4] L'ouvrage contient en outre une contribution de Christine COURTIN, Maître de conférences HDR, directrice du Pôle Droit pénal et procédure pénale du CERDP. Son article reprend les analyses qu'elle a présentées en participant au cycle des Conférences d'ouverture du CERDP. Consacrée à « La réforme de la prescription pénale », ce sujet d'actualité a d'autant plus sa place dans cet ouvrage que Mme Courtin est une spécialiste reconnue de la question et qu'elle a été auditionnée sur le sujet, le 8 janvier 2015, par la Commission des lois de l'Assemblée Nationale.

Professeures Irina Parachkévova et Marina Teller en traitant de l'Ubérisation du droit. Elles doivent en être doublement remerciées. D'abord parce que leur duo a su, lors de la conférence, rendre intelligible des problématiques d'une grande complexité, à la fois inéluctables, incertaines et fulgurantes. Elles ont su montrer combien le phénomène de l'économie collaborative vient télescoper les cadres juridiques traditionnels de l'activité économique, estompant la frontière entre le marchand et le non-marchand, bouleversant les notions juridiques traditionnelles que l'on pouvait croire intemporelles et inébranlables telles que la propriété, le contrat ou le travail. Qu'elles soient ensuite remerciées pour avoir accepté que leur article, qui à n'en pas douter fera date, soit publié dans cet ouvrage plutôt que dans des revues juridiques à plus grande visibilité. C'est un gage d'amitié et de désintéressement qui permet de conserver l'espoir que tout ne soit pas définitivement considéré comme relevant de la seule logique marchande…

Cette semaine tout entière en est d'ailleurs l'illustration, tout spécialement peut-être la dernière perspective ouverte à nos doctorants : le concours de l'agrégation en droit privé. Après tant de magistrales démonstrations de ce que sont les professeurs des Universités, il était inévitable que des vocations naissent ou se renforcent dans l'esprit de celles et ceux venus les écouter et qui pour l'heure se consacrent à leurs thèses. Et qui, mieux que le Professeur Jean-Baptiste Racine, pouvait le leur présenter, lui qui en fût un brillant lauréat avant, lors du dernier concours, d'avoir l'honneur bien légitime d'être sollicité pour faire partie du jury. Il n'a bien sûr rien révélé de cette expérience aussi glorieuse qu'éprouvante, si ce n'est sa fierté d'avoir ainsi appartenu au premier jury d'agrégation de droit privé présidé par une femme et majoritairement composé de femmes. Il a néanmoins su transmettre toute l'originalité, toute l'exigence et toute la grandeur de cette voie d'accès direct au corps des Professeurs d'Université. Cette présentation ne se prêtait pas à une publication, mais on ne pouvait donner plus bel encouragement à nos doctorants que de conclure cette semaine des Doctoriales par la perspective de l'excellence.

Cet ouvrage s'en veut à la fois la preuve et la mémoire.

Droit et statistique : éléments d'une histoire croisée[5]

Ce que nous apprennent les œuvres
d'Alain Desrosières et Alain Supiot

Thomas AMOSSE

L'année 2015 a été marquée par la parution du premier recueil de cours qu'Alain Supiot a donnés depuis sa leçon inaugurale au Collège de France[6]. Un an plus tôt étaient publiés à titre posthume les derniers écrits d'Alain Desrosières[7], disparu en 2013. Cette coïncidence temporelle n'est pas que fortuite. Elle illustre, de fait, la convergence de deux programmes de recherche qui se sont développés en France autour de ces auteurs au cours des dernières décennies : partant de l'histoire contemporaine du droit social, le premier a posé les fondements d'une anthropologie juridique originale ; le second a initié et contribué à structurer une socio-histoire de la quantification depuis le tournant réflexif opéré par la statistique publique dans les années 1970[8]. Certes les deux ouvrages récemment parus, comme les œuvres dans lesquelles ils s'inscrivent, ont chacun leur objet propre : le droit et la statistique. Mais ces objets y sont analysés selon une entrée commune, historique et politique, et un questionnement symétrique. Il s'agit, en écho à des interrogations foucaldiennes[9], de comprendre quel est, et quel fût, leur rôle dans la manière de gouverner les hommes.

---

[5] Ce texte réorganise et développe des arguments présentés le 2 novembre 2015 à l'occasion d'une conférence tenue lors de la semaine de Doctoriales de l'UFR de droit de l'université de Nice, à laquelle Marc Dalloz m'a amicalement invité à participer. Je l'en remercie sincèrement.

[6] Alain Supiot, 2015, *La gouvernance par les nombres*, Paris, Fayard, 520 pages.

[7] Alain Desrosières, 2014, *Prouver et gouverner*, Paris, La découverte, 285 pages (texte établi et introduit par Emmanuel Didier).

[8] L'intérêt grandissant de la statistique publique pour son histoire est symbolisé par le colloque qui s'est tenu à Vaucresson du 23 au 25 juin 1976 et a donné lieu aux deux ouvrages : Insee, 1977, *Pour une histoire de la statistique, vol. I, Contributions*, Paris, Insee/Économica et Joëlle Affichard (dir.), 1987, *Pour une histoire de la statistique, vol. II, Matériaux*, Paris, Insee.

[9] *Cf.* Michel Foucault, 2004, *Sécurité, territoire, populations. Cours au Collège de France (1977-1978)*, Paris, Gallimard, 435 pages et Michel Foucault, 2004, *Naissance de la biopolitique. Cours au Collège de France (1978-1979)*, Paris, Le Seuil, 355 pages.

Si cette question va de soi pour le droit, dont l'analyse des liens avec l'exercice du pouvoir remonte à l'Antiquité, la dimension politique des statistiques est un apport majeur d'A. Desrosières, qu'il a mis en évidence dans «*La politique des grands nombres*»[10]. Partageant cette conclusion, A. Supiot a examiné de façon parallèle les deux domaines, mettant en regard dans son dernier ouvrage les fonctions politiques de la loi et du nombre. Bien qu'elles n'y soient pas opposées en soi[11], ces deux façons de prendre appui et d'agir sur le monde[12] sont mises en tension suivant une perspective historique : depuis l'avènement de la modernité, l'émergence puis la généralisation du modèle calculatoire seraient au principe d'un affaiblissement du droit et, plus récemment, d'une fragilisation du fonctionnement des démocraties occidentales. Est ainsi posée la thèse d'une substitution, dans la période actuelle, de la gouvernance par les nombres au gouvernement par la loi. Tout en dénonçant lui aussi l'ère néo-libérale, et notamment le rôle qu'y jouent les indicateurs chiffrés, l'historien de la statistique propose une autre lecture de l'évolution de nos sociétés : il souligne la cohérence existant, à différentes époques et dans différents pays, entre formes de quantification et modes de gouvernement. Constructions politiques parallèles, le droit et la statistique seraient en situation de congruence plus que de concurrence.

Il y a de toute évidence des points d'accord et de désaccord entre les deux auteurs. Et une ferme invitation, pour le lecteur, à un examen approfondi de leurs œuvres respectives. C'est ce que nous nous proposons précisément de faire dans cette contribution. Nous exposerons ainsi les liens qui unissent, ou opposent, droit et statistique, et serons en mesure d'esquisser, à grands traits, leur histoire croisée. Mais avant toute chose, revenons aux définitions. Que sont donc la statistique et le droit pour Alain Desrosières et Alain Supiot ? Il est bien difficile de répondre à cette question sans entrer dans l'analyse historique qu'ils en proposent : l'un comme l'autre

[10] Alain Desrosières, 2000 (1993), *La politique des grands nombres*, Paris, La découverte, 462 pages.

[11] A. Supiot indique par exemple que « la recherche des principes ultimes qui président à l'ordre du monde combinent depuis longtemps la loi et le nombre au travers de la physique et des mathématiques, s'agissant de l'ordre de la nature ; et du droit et de l'économie, s'agissant de l'ordre social. » (*op. cit.*, 2015, p. 103).

[12] Pour reprendre une expression utilisée par Alain Desrosières pour décrire la statistique (*cf.* par exemple, *op. cit.*, 2000, p. 7 et suivantes) et qui, comme le suggère A. Supiot, convient également pour le droit (*cf. infra*).

adopte en effet une approche qui est généalogique avant d'être analytique ; ils définissent leurs objets en explicitant leur construction et les formes qu'ils prennent au fil du temps, renonçant à en préciser une substance supposée principielle et atemporelle[13]. Dégageons simplement ici, à titre provisoire, quelques premiers éléments de caractérisation.

Sans surprise, la statistique s'intéresse aux nombres et suppose en général de compter. Elle ne se limite toutefois ni à ces entités ni à cette activité. Il n'y a de comptage possible qu'une fois définies des règles, qui peuvent être mathématiques – le versant interne, scientifique, de la statistique, où il est question de méthode – ou sociales – le versant externe, politique, qui s'intéresse aux opérations préalables de catégorisation. Il faut convenir avant de mesurer ou de quantifier, comme l'indique A. Desrosières[14]. De plus, une fois produits, les indicateurs, tableaux et autres constructions statistiques circulent dans la société. Ils sont l'objet d'appropriations diverses, et peuvent guider les décisions publiques comme les actions ordinaires, ou servir à les évaluer. La statistique est descriptive et prescriptive. Tout à la fois discipline scientifique et activité sociale (administrative ou ordinaire), outil de preuve et instrument de gouvernement[15], elle construit des représentations de la réalité qui, en retour, contribuent à la transformer.

La matière première du droit est le verbe, sous forme de texte ou de parole, qui sert à légiférer et à juger. Ces deux activités font écho à la distinction romaine entre *lex* et *ius*, entre la loi, règle commune et publique, et le droit, individuel et subjectif, à la justice. Comme l'argumente A. Supiot[16], le terme qu'a retenu la langue française à partir du Moyen-âge (le « droit », du latin *directum*) ajoute l'idée de direction, de voie à suivre, à la notion dérivant de *ius*. Se trouvent ainsi arrimés de façon originale le social et l'individuel, le Droit de la loi et les droits de la personne, dans un montage anthropologique que symbolise la figure du sujet de droit, sujet assujetti à la loi en même

[13] En lien avec leurs disciplines de rattachement académique (le droit et la sociologie), les réticences face aux approches normatives sont toutefois moins marquées chez A. Supiot que chez A. Desrosières.
[14] *Cf.* par exemple *op. cit.*, 2014, p. 38.
[15] Alain Desrosières, 2008-1, *Pour une sociologie historique de la quantification. Tome 1*, Paris, Les presses des Mines, p. 7 et suivantes.
[16] *Op. cit.*, 2015, pp. 71-72.

temps que sujet à même de défendre ses droits[17]. Comme la statistique, le droit entretient un lien d'une double nature avec la réalité. S'appuyant sur des représentations de la réalité (qui peuvent être inspirées par la religion, la nature, la science, l'histoire collective ou l'expérience ordinaire[18]), la loi enregistre et codifie les règles de vie en société selon une technique spécifique. En retour, elle constitue une norme à laquelle on se réfère pour agir de façon juste ou établir la justice en cas de désaccord.

Bien sûr la différence entre les nombres et les mots est fondamentale. Elle symbolise l'opposition entre réductionnisme formalisé du chiffre et interprétation ouverte et multiple du verbe[19]. Pourtant, reprenant ces premiers éléments de définition, plusieurs traits apparaissent communs à la statistique et au droit : ce sont deux édifices techniques qui, dans leur élaboration, prennent appui sur la réalité (suivant une première opération, élémentaire, de réduction de la diversité par construction de catégories : la qualification) avant, comme cadres normatifs, d'influencer les manières d'agir (à travers une seconde opération élémentaire : l'évaluation). Ce n'est d'ailleurs pas un hasard si la qualification et l'évaluation sont les principales composantes des activités statistiques et juridiques qui donnent lieu à des échanges en pratique entre les deux domaines : Michel Gollac rappelle que la statistique est la fille ou la cousine du droit, l'importation des catégories juridiques dans les enquêtes permettant souvent au statisticien d'économiser des frais de construction[20] ; inversement, l'évaluation statistique est parfois utilisée dans l'administration de la preuve lors de procès, comme dans les affaires de discrimination[21].

---

[17] Alain Supiot, 2009 (2005), *Homo juridicus*, Paris, Le Seuil, pages 53 et suivantes.

[18] De façon variable selon les périodes ou les aires géographiques, comme le montre précisément A. Supiot (*op. cit.*, 2015).

[19] A. Supiot évoque à ce titre la puissance dogmatique sans égale du chiffre indo-arabe, dont la généralisation a alimenté le rêve babélien d'un langage universel, qu'il oppose à l'infini des interprétations et contradictions portées par les mots du droit (*op. cit.*, 2015, pp. 139-142). Nous reviendrons sur cette opposition dans la deuxième partie du texte.

[20] Michel Gollac, 1997, « Des chiffres insensés ? Pourquoi et comment on donne un sens aux données statistiques ? », *Revue Française de Sociologie*, 28-1, pp. 5-36.

[21] *Cf.* par exemple Olivier Leclerc, 2013, « Egalité des personnes et modes de preuve. À propos des usages du raisonnement statistique dans la preuve des discriminations » *In* Georges Borenfreund, Isabelle Vacarie, *Le droit social, l'égalité et les discriminations*, Paris, Dalloz, pp. 77-94.

Du reste, comme leurs objets, les postures adoptées par A. Desrosières et A. Supiot présentent une forte ressemblance. Les définitions qu'ils retiennent sont évolutives et à contours variables, nous l'avons écrit. Elles sont extensives, aussi, puisqu'elles englobent tout à la fois un corpus de notions, de textes et d'instruments, et un ensemble de pratiques, d'acteurs et d'institutions : le premier entend dépasser l'opposition entre critiques interne et externe de la statistique[22] ; le second souhaite articuler analyses technique et axiologique du droit[23]. Tous deux proposent des approches historiques et comparatives, sans pour autant renoncer à une compréhension technique de leurs objets. À quelles conclusions alors parviennent-ils quant au rôle que jouent statistique et droit dans la manière de gouverner les hommes ? La lecture parallèle que nous proposons se structure en deux temps, du gouvernement puis de la gouvernance, à l'intérieur desquels nous exposerons les points de convergence comme de divergence entre les deux auteurs.

Du gouvernement à l'ère moderne : normativités de la loi et du nombre

Le récit que proposent A. Desrosières et A. Supiot est de nature anthropologique et ne s'impose donc pas les contraintes d'un travail d'historien. Aussi leurs ouvrages, bien qu'évidemment datés et sourcés de façon précise dès qu'ils font référence à des œuvres et événements particuliers, ne définissent-ils pas strictement des grandes périodisations. Le mouvement historique est décrit dans le temps long, par l'apparition de textes ou d'instruments, la naissance ou la disparition d'institutions, la diffusion de pratiques, *etc.* L'analyse de l'entrelacs de ces multiples changements dessine des glissements temporels, permettant de dégager des configurations dominantes à certaines périodes et de comprendre le sens de l'Histoire. En la matière, on peut toutefois noter une différence entre les deux auteurs : même si une vision implicitement évolutionniste a pu lui être ponctuellement reprochée[24], le statisticien propose une histoire

---

22 A. Desrosières, *op. cit.*, 2008-1, p. 39.

23 A. Supiot, *op. cit.*, 2015, p. 17.

24 *Cf.* par exemple Emmanuel Berger, 2004, « Les origines de la statistique judiciaire sous la Révolution », *Crime, Histoire & Sociétés / Crime, History & Societies*, 8-1, pp. 65-91.

plurielle et non linéaire, faite certes de ruptures, mais surtout de sédimentations successives[25] ; le juriste développe quant à lui un récit davantage porté par l'idée de progression, faite de progrès comme de régressions[26]. Une autre différence tient à l'objet qu'ils analysent : si pour le premier, l'analyse de la statistique commence pour l'essentiel aux XVIIe et XVIIIe siècles, le second revient plus loin en arrière, à la période antique pour ce qui est l'idéal de l'harmonie par le calcul et à l'avènement de la modernité pour le droit.

Une édification parallèle, des espaces normatifs congruents

L'œuvre d'A. Supiot présente, avec l'avènement de la modernité, la naissance d'un sujet, juridique et statistique, qui se libère de la toute-puissance de Dieu et de la nature. L'émergence de la science et du droit moderne entre le Moyen-âge et la Renaissance s'accompagne d'une rupture dans la manière de gouverner, qui auparavant plaçait pour l'essentiel l'action humaine sous l'égide de lois naturelles ou divines. À partir du Moyen-âge[27], la modernité de la technique et du droit traduit la prise de pouvoir de l'homme sur la nature. Cette prise de pouvoir est symbolisée par la machine, et plus précisément par la figure de l'horloge[28]. Le temps scientifique, mesuré par des machines créées par l'homme, remplace le temps naturel comme la fabrication conteste, dans l'imaginaire social, la primauté du travail agraire. Il n'y a, à ce stade, pour le juriste, pas d'opposition entre la technique et la loi. Suivant le raisonnement de Thomas Hobbes, l'homme a créé la machine, puis inventé l'État (le Léviathan) à l'image d'une machine, comme Dieu avait initialement créé l'homme. C'est là que réside le principe du gouvernement par la loi, dans l'acception scientifique et juridique donnée au terme. L'arrachement progressif de l'homme par rapport à la nature est soutenu par la science, une science qu'A. Supiot présente cependant comme d'une autre nature que la science qui

---

[25] *Op. cit.*, 2000, p. 11 pour une présentation de la démarche historique suivie et *op. cit.*, 2014, p. 85 pour le rôle des crises économiques dans la transformation des outils de la statistique publique.
[26] Dont le néo-libéralisme est l'exemple emblématique ; *cf.* également l'importance portée par A. Supiot à l'analyse du nazisme et du communisme (*op. cit.*, 2015, p. 15 par exemple).
[27] A. Supiot, suivant en cela Pierre Legendre, retient l'époque grégorienne et non la Renaissance, comme période de création du droit moderne (*ibidem*, p. 67).
[28] *Ibidem*, p. 35 et suivantes.

prévalait auparavant, d'inspiration platonicienne et d'essence contemplative, visant à comprendre la place de l'homme dans une nature pensée comme éternelle[29]. Pour la science moderne, transformative, la nature est vue comme une ressource qu'il convient d'exploiter, de façonner, de domestiquer.

C'est à la Renaissance qu'apparaît, dans le récit d'A. Supiot, une forme particulière de rencontre entre le droit et la science, entre la loi et le nombre, dans la conception du gouvernement des hommes. Citant Thomas Berns[30], il présente l'instauration des recensements envisagée par des juristes tels que Jean Bodin au XVIe siècle. Prenant pour modèle l'Antiquité romaine – deux censeurs dénombraient alors les citoyens et leurs richesses, nommaient les sénateurs et surveillaient les bonnes mœurs –, ces opérations avaient, dans l'esprit de ces juristes, non plus seulement l'objectif d'appliquer la loi, mais aussi de gérer de façon efficace le Royaume en s'appuyant sur la connaissance des ressources matérielles et humaines du pays. Le projet proposait de connaître pour agir, et notamment pour corriger les inégalités excessives, alors vues comme une source potentielle de troubles publics et une menace pour le bon ordre[31]. De fait, l'apparition du terme statistique au XVIIIe siècle traduit le développement en Allemagne au cours du siècle précédent de cette science de l'État (*Staatswissenschaft*), visant la description systématisée, et au début non quantifiée, d'un État lié à un territoire[32]. Même s'ils se développent en parallèle des théories mathématiques du calcul des probabilités d'une part, et de descriptions privées (érudites et savantes) du social d'autre part, les mémoires des intendants (depuis Richelieu en 1630), la capitation (recensement complet de la population en 1694) et les premières séries chiffrées de naissances, prix agricoles ou condamnations criminelles (à partir de 1772) décrits par A. Desrosières témoignent de l'orientation administrative et centralisée originelle de la statistique d'Ancien Régime en France[33].

L'usage des nombres est variable au XVIIIe siècle et les comparaisons entre territoires en sont absentes. Pour autant, le système statistique français fait progressivement se rencontrer les notions de totalité (qui

---

29 *Ibidem*, p. 78.

30 Thomas Berns, 2009, *Une archéologie politique des statistiques*, Paris, PUF, 163 pages.

31 A. Supiot, 2015, *op. cit.*, p. 130 et suivantes.

32 A. Desrosières, 2000, *op. cit.*, p. 29 et suivantes.

33 *Ibidem*, p. 37 et suivantes.

provient de la scolastique allemande) et de mesure (reprise de l'arithmétique politique anglaise)[34]. Comme l'a montré Jean-Claude Perrot[35], le droit, en l'occurrence le droit fiscal, est alors propice à l'essor de la statistique. Vauban, pour financer ses importants travaux, a ainsi tout à la fois défini la dîme royale et proposé différents types de quantification afin d'en estimer le rendement. Les techniques statistiques et les tentatives de formalisation mathématique, encore hésitantes, sont étroitement liées à l'édification, au sens propre comme figuré, de l'État de droit. En découle une force normative, qui ne fera que grandir avec le temps, des instruments de quantification dès lors qu'ils sont mis en œuvre par une administration dotée d'un puissant appareil de recensement, de comparaison et de calcul de données quantifiées sur l'état de la population ou de l'économie. C'est peu de temps après, sous la Révolution puis l'Empire, en lien notamment avec la création des départements et l'adunation, qu'on assiste selon A. Desrosières à l'unification à la fois d'un territoire national et d'un espace d'équivalence permettant d'établir des statistiques[36].
Mais la principale rupture, dans l'histoire des statistiques, s'opère quelques décennies plus tard sous l'influence de l'astronome belge Adolphe Quételet : comme l'écrit A. Desrosières, il lui revient « d'avoir diffusé largement, dans les années 1830-1840, l'argument nouant le discours probabiliste et les observations statistiques. Cette construction tient ensemble, d'une part, l'aspect imprévisible des comportements individuels et, d'autre part, la régularité et donc la prévisibilité de la sommation statistique de ces actes individuels à travers la notion d'*homme moyen* » (*ibidem*, p. 18)[37]. Cet argument, qui s'appuie sur la loi des grands nombres (dû, un siècle plus tôt, en 1713 au mathématicien Jacques Bernoulli) est décisif du point de vue de l'histoire des sciences, puisqu'il fait se rencontrer les versants subjectifs (ou épistémiques) et objectifs (ou fréquentistes) du calcul des probabilités[38]. Il est aussi déterminant d'un point de vue administratif et politique : sur cette base, il semble désormais possible de maîtriser l'incertitude qui pèse sur chacun en s'appuyant sur les régularités collectives. De fait, la diffusion de ce nouveau langage,

---

[34] *Ibidem*, p. 42.
[35] Michel Perrot, 1992, *Une histoire de l'économie politique*, EHESS, 496 pages.
[36] A. Desrosières, 2000, *op. cit.*, p. 43 et suivantes.
[37] Pour davantage de détails, *ibidem*, p. 87 et suivantes.
[38] Selon la lecture qu'en a donnée Ian Hacking en 1975 (2006, *The Emergence of Probability*, Cambridge, Cambridge University Press, 246 pages).

présenté comme universel, s'accompagne de la création de nombreux bureaux statistiques et d'un début de standardisation des définitions et modes d'observation. On assiste alors une double construction politique, d'un espace et d'un sujet, devenus indissociables. A. Quételet, s'écartant de Dieu, construit « sur la base de régularités l'image d'un « homme moyen », qui est à la statistique ce que « l'homme normalement prudent et diligent » est au droit civil » pour reprendre les termes d'A. Supiot (2015, *op. cit.*, p. 135). Le développement de la statistique va ainsi de pair avec le projet d'un droit uniforme et universel défendu par Nicolas de Condorcet[39]. Une consistance politique, à la fois statistique et juridique, est ainsi donnée à l'individu pré-statisticable du contrat social de Rousseau[40]. Au-delà des aléas de l'histoire politique (exclusion des femmes, rétablissement du vote censitaire), avec le recensement général de la population et le vote démocratique, c'est l'universalité de la société de la déclaration de 1789, idéalement pensée comme un corps homogène et composé d'hommes libres et égaux, qui se met à exister. La seule arithmétique politique ayant force de loi est alors celle des élections, ce qui fait écho aux propos d'Alexis de Toqueville, cité par A. Supiot (2015, *op. cit.*, p. 137) : « le nombre seul fait la loi et le droit ».
Statistique et droit font système dans une période caractérisée par l'émergence d'un libéralisme à la fois politique et économique. Décrite par A. Desrosières, cette configuration des rapports entre État, marché et statistique, qualifiée de libérale et englobant le XVIIIe et le XIXe siècles, se caractérise par une statistique économique réduite à la production d'informations permettant le bon fonctionnement du marché, notamment les statistiques de prix[41]. La loi apparaît aussi comme une condition du libéralisme économique. Bien sûr la constitution du droit moderne au XIXe siècle donne une place première au contrat, à la propriété et aux personnes. Mais A. Supiot souligne l'importance de l'État, tiers garant des échanges, né avec la Déclaration des droits de l'homme et du citoyen, et qui permet de prendre en charge tout ce qui se situe en dehors du calcul

---

[39] Cette universalité et uniformité du droit est opposée au relativisme juridique de Montesquieu, comme l'indique Nicolas de Condorcet : « une bonne loi doit être bonne pour tous les hommes, comme une proposition est vraie pour tous », cité par A. Supiot (*ibidem*, p. 153).
[40] Selon l'expression retenue par Luc Boltanski et Laurent Thévenot (1991, *De la justification. Les économies de la grandeur*, Paris, Gallimard, p. 140).
[41] A. Desrosières, 2008-1, *op. cit.*, p. 45 et suivantes.

économique : il n'est pas de contrat sans loi. Le libéralisme classique demeure conscient du fait que la libre poursuite par chacun de son intérêt individuel ne peut engendrer la prospérité générale que dans le cadre d'un droit qui bride la cupidité. Les premiers temps du droit du travail témoignent d'une situation similaire, avec la codification d'un travail qui se libère tout à la fois du servage, de l'esclavage et du corporatisme[42]. Les principes de la liberté de produire et de commercer sont premiers, avec un droit qui se limite alors essentiellement à l'instauration d'instances de discipline pour permettre aux relations contractuelles de travail de fonctionner, tels les conseils de prud'hommes. Il existe peu de règles spécifiques, car les contrats individuels sont régis par le droit civil, à l'exception des dispositions de police, en partie professionnelle, pour les contentieux.
Le XIXe siècle n'est cependant pas que celui du libéralisme, économique et politique, avec ses codifications statistiques et juridiques. Il voit se déployer la question sociale, et se transformer à la fois le droit et la statistique du travail. Comme le note Norbert Olzak[43], face au renforcement de la subordination et de la dépendance économique, se développent des outils juridiques visant à protéger les salariés et des institutions chargées de veiller à leur santé (depuis la loi de 1841 sur le travail des enfants jusqu'à celle de 1898 sur les accidents du travail). Le siècle passe du « pacte révolutionnaire » au « pacte industriel »[44], avec progressivement une codification du droit ouvrier. Dans l'universalité de principe de l'ère libérale post-révolutionnaire s'affirme progressivement une société de classe, où la question industrielle et ouvrière occupe le devant de la scène. Le droit reconnaît l'importance des forces collectives dans la recherche d'un équilibre entre liberté et protection, avec la création d'un droit conventionnel laissé aux syndicats patronaux et syndicaux et la régulation par les instances de représentation du personnel : en 1864, les coalitions sont de nouveau permises ; en 1884 la liberté syndicale est reconnue. Comme l'indique Claude Didry[45], la représentation des

---

[42] Norbert Olszak, 2011, *Histoire du droit du travail*, Paris, Economica, 135 pages (p. 19 et suivantes).
[43] *Ibidem*, p. 49 et suivantes.
[44] Pour reprendre les expressions retenues en 1995 par Gérard Aubin et Jacques Bouveresse dans leur *Introduction historique au droit du travail*, Paris, PUF, 318 pages.
[45] Claude Didry, 2016, *L'institution du travail, droit et salariat dans l'histoire*, Paris, La Dispute, 248 pages.

salariés hante le droit du travail : en témoigne la concomitance historique de la codification des lois ouvrières et de prévoyance sociale et la proposition de « conseils du travail » engagée par le ministre du Commerce et de l'Industrie, Alexandre Millerand, entre 1900 et 1901, qui fait écho aux groupes professionnels envisagés par Emile Durkheim pour la constitution d'une chambre susceptible de se substituer au Sénat.
Les statistiques jouent un rôle central dans ce mouvement. Pour A. Desrosières, cela tient à leur caractère public : auparavant tenues secrètes, tel un « miroir du prince », elles deviennent un « miroir de la société », permettant la connaissance de la société par elle-même. C'est à une représentation du « peuple » que concourt l'objectivation statistique : la sociologie naissante à la fin du siècle porte la marque d'une grille holiste dominante en France, de Quételet à Durkheim[46], un complexe structuralo-fonctionnaliste permettant de sommer les individus[47]. L'historien de la statistique définit, à partir de cette période, une configuration particulière des rapports entre État, marché et statistique, celle de l'État providence[48]. Utilisant les données recueillies par l'administration naissante du travail, notamment sur les salaires, les accidents de travail et la mortalité des travailleurs, les statistiques mettent en évidence les méfaits économiques et physiques du labeur. Elles contribuent à la mise en place de nouvelles lois visant à protéger les travailleurs en encadrant les conditions de travail et en élaborant les premières assurances sociales. L'essor des statistiques sociales a transformé des événements incertains en risques calculables, et a donc permis l'édification de l'État social moderne, une société assurantielle, pour reprendre les termes de François Ewald[49]. Là encore, statistique et droit font système, transformant la manière de gouverner les hommes.
Si les récits d'A. Desrosières et A. Supiot sont jusqu'ici très largement convergents, nous allons voir que des points de divergences sont déjà présents à ce point de l'histoire. Le premier met l'accent sur la totalité de la société représentée par la statistique[50] et sur son étroite

---

[46] A. Desrosières, 2000, *op. cit.*, p. 58.
[47] Pour reprendre les termes de L. Boltanski et L. Thevenot, 1991, *op. cit.*, p. 140.
[48] A. Desrosières, 2008-1, *op. cit.*, p. 47 et suivantes.
[49] François Ewald, 1986, *L'État providence*, Paris, Grasset, 608 pages.
[50] Les statistiques de classe n'existent pas encore en tant que telles, comme le note A. Desrosières (Insee, 1977, *op., cit.*, p. 155-231) : malgré des premières tentatives au XIXème et dans la première moitié du XXème siècle, il faut attendre l'immédiat

imbrication, dans le domaine du travail, avec la construction d'une administration et d'un droit spécifique. Le second retient quant à lui l'émergence d'un droit de classe, ainsi que la soumission en germe de la loi au nombre, du droit à la science.

La politique des statistiques, le droit comme instrument ?

À la période du libéralisme, la loi était présentée par A. Supiot comme une condition de l'harmonie politique, et non comme un instrument. Selon lui, « la société du « droit social » [...] n'est plus ce corps politique homogène, mais une « espèce de tout », pour reprendre l'expression de Vauban, dont les enquêtes statistiques et la sociologie naissante révèlent l'hétérogénéité et les dysfonctionnements » (2015, *op. cit.*, p. 137). De fait, la mesure statistique des risques physiques particuliers auxquels sont soumises certaines catégories de population se trouve à l'origine du droit social, qui est le premier à avoir été influencé par des différences sociales mises en évidence par la quantification. Les dispositifs juridiques témoignent de la naissance de l'État providence et d'un droit social fondé en France sur la certitude que les inégalités physiques s'expliquent par des raisons socio-économiques. La statistique devient un étalon de normalité à partir duquel on mesure les écarts constatés dans les cas individuels. Suivant le raisonnement du juriste, la loi binominale de A. Quételet, renommée loi normale par le britannique Karl Pearson en 1897, montre « l'émergence d'une normalité induite de l'observation des faits, qui aura vocation à se substituer ou s'imposer à la légalité du système juridique » (*ibidem*, p. 137). Le caractère inductif, visant à dégager des lois de l'observation de la nature, rencontre un vif succès en biologie au XIXe siècle, suivant le modèle de la physique des siècles précédents. Le droit attache de fait des effets normatifs aux lois reconnues par la science, comme l'illustre l'exemple de la surmorbidité ouvrière mise en évidence par Louis-René Villermé et qui influencera l'adoption des premières lois sociales. Dans le même mouvement, A. Supiot critique l'entrée du risque assurable dans le domaine du droit. Tournant juridique, l'avènement d'une société assurantielle, transparente à elle-même, témoignerait d'un gouvernement par la normalité plus que par la normativité.

---

après-guerre pour que soit établie et largement diffusée une représentation statistique nationale des classes sociales.

Cette présentation prend le contre-pied de l'interprétation dominante formulée, dans le sillage d'A. Desrorières, par les sociologues et historiens de la statistique, où c'est la cohérence, et non la concurrence, de la statistique et du droit dans le domaine du travail qui est mis en avant au tournant des XIXe et XXe siècles. Reprenant les débats parlementaires ayant présidé à l'adoption de la loi de 1907 réformant les conseils de Prud'hommes, Laurent Willemez[51] rappelle que la décision d'étendre aux femmes le corps électoral s'est appuyée sur des données chiffrées, en l'occurrence du recensement de 1896. Il en conclut un lien direct entre la statistique, comme mode de représentation (technique) de la société, et le droit social, principe d'organisation d'un mode de représentation (politique) des travailleurs. Les exemples ne manquent pas s'agissant du travail, puisque c'est dans ce domaine que s'est développée, à travers l'Office du travail, « la première institution scientifico-administrative » s'appuyant sur un appareil statistique[52]. De fait, la naissance effective des statistiques du travail correspond à la création de l'Office du travail (1891) et du corps de l'inspection du travail (1892). Jouant un rôle important de légitimation de l'administration, de nombreuses séries statistiques voient alors le jour (emploi, salaires, accidents du travail, grèves, *etc.*). Avec l'intégration du bureau de la Statistique Générale de la France (SGF, l'ancêtre de l'Insee) en son sein, la production statistique devient même le cœur de l'activité de l'Office, qui deviendra le ministère du Travail[53].

Dans la première moitié du XXe siècle, on assiste à un mouvement d'étatisation progressif de la statistique du travail et du droit social. La création en janvier 1931 d'une enquête mensuelle nationale sur l'emploi témoigne d'une homogénéisation des catégories et des dispositifs de collecte. Elle contribue à faire du chômage une réalité nationale que l'on peut relier à d'autres séries économiques, et non plus seulement un ensemble de données locales et hétérogènes. Dans le même temps, les organisations syndicales passent en France de leur anarcho-syndicalisme originel à un marxisme étatiste ouvrier lié à

---

[51] Laurent Willemez (2016, à paraître), « Élire des juges et représenter le monde du travail. Les élections prud'homales en débats (1907-2014) », *Travail et emploi*, n°144.

[52] A. Desrosières, 2000, *op. cit.*, p. 191.

[53] Pour une synthèse, *cf.* Thomas Amossé, 2012, « statistiques » (pp. 744-748), *in* Antoine Bévort, Annette Jobert, Michel Lallement, Arnaud Mias (dir.), 2012, *Le dictionnaire du travail*, Paris, PUF, 880 pages.

l'Union soviétique, abandonnant les résistances à l'égard du droit exprimées à la fin du siècle précédent. L'approche législative et réglementaire devient alors première dans le droit du travail, intégrant par la procédure d'extension l'édifice conventionnel dans un ensemble statutaire de droit public[54]. Ce mouvement de nationalisation et d'étatisation culminera avec le régime de Vichy puis dans l'immédiat après-guerre, avec le gaullisme et le communisme de gouvernement.
L'objectif affiché par le Conseil national de la résistance de reconstruire une démocratie économique et sociale sur de nouvelles bases suppose de nouveaux outils. La statistique publique continue ainsi de se développer, avec la création de l'Insee (en 1946) et la loi de 1951 sur la coordination des différentes administrations en matière statistique et la mise en place d'un cadre réglementaire pour leurs enquêtes. Dans le domaine du travail et de l'emploi en particulier, la création de la Sécurité sociale, la réglementation des salaires et la mise en place de la planification économique nécessitent des connaissances quantifiées précises. Les premières enquêtes représentatives (sur l'emploi ou les conditions d'emploi de la main d'œuvre) voient ainsi le jour au début des années 1950, important un modèle développé aux États-Unis à partir des années 1930[55]. Ces enquêtes, à la méthodologie stable pendant plusieurs décennies, accompagneront la conduite de la politique économique et sociale durant les Trente Glorieuses. Au même titre que la nomenclature des catégories socio-professionnelles[56] ou que les tableaux de la comptabilité nationale, elles constitueront le socle d'une représentation statistique durable de l'économie et de la société françaises, un âge d'or d'une certaine manière de faire de la statistique pour A. Desrosières.
Cette période symbolise la rencontre de trois des configurations existant entre État, statistique et marché qu'il a décrites[57] : celle de l'État Providence, né au tournant du XIXe et du XXe siècle (*cf. supra*) ; celle d'un État keynésien, pilote macro-économique d'une société au capitalisme de marché coordonné, où la statistique occupe un rôle central de courroie de transmission de la politique économique

---

[54] N. Olzak, 2011, *op. cit.*, p. 111 et suivantes.
[55] Emmanuel Didier, 2009, *En quoi consiste l'Amérique ?*, La Découverte, 318 pages.
[56] A. Desrosières et L. Thévenot, 1988, *op. cit.*
[57] A. Desrosières, 2008-1, *op. cit.*, p. 39 et suivantes.

et sociale ; celle, enfin, d'un État ingénieur, dans une forme bien évidemment fort différente de son origine colbertiste[58]. La comptabilité nationale et les grandes enquêtes représentatives nationales sur l'emploi, la formation, le logement, la santé, *etc.* alimentent des plans quinquennaux, qui renvoient à un État keynésien et ingénieur. Les plans visent tout à la fois à l'orientation de la politique industrielle et à la redistribution des richesses, à piloter l'évolution des systèmes de formation et à réduire les pénuries de main-d'œuvre. L'arrimage du droit et de la statistique se mesure notamment par des catégories statistiques qui s'appuient sur un droit public établi au niveau national, directement (sexe, âge, nationalité, statut matrimonial, diplôme) ou par extension (catégories socio-professionnelles). Comme l'indiquent L. Boltanski et L. Thévenot[59], la statistique aide à faire tenir l'édifice métrologique productiviste industriel (la mesure sert à contrer l'incertitude et à assurer les rendements) tout en étant au principe d'une démocratie représentative, où les institutions paritaires occupent une place déterminante.

La lecture que propose A. Supiot de cette période est fort différente : que ce soit sous ses formes les plus extrêmes (en Union soviétique et en Chine au cours du XXe siècle) ou dans ses déclinaisons sociales-démocrates après-guerre dans les pays scandinaves ou en France, la planification est analysée comme une forme aboutie de gouvernement non plus par la loi, mais par les nombres. Faisant suite à un État providence où s'était affirmée l'influence de la science dans l'élaboration législative, l'État planificateur ne se situerait plus sous l'égide de la loi. Le passage du *rule of law* au *rule by law* y serait achevé, avec un droit alors asservi à un rôle d'instrument de calcul d'utilité collective[60]. Selon le juriste, ce n'est plus la loi, mais le nombre qui y régit la vie économique. Cette lecture traduit une défiance vis-à-vis de l'orientation scientiste suivie par les sociétés contemporaines depuis le XIXe siècle, et qui aurait progressivement assujetti l'homme et pris le pouvoir sur le droit. Le choc, pourtant immense, lié à la Seconde Guerre mondiale n'aurait finalement eu

---

[58] La tradition jacobine de la statistique publique française est perceptible à l'Insee jusqu'au début des années 2000, du moins d'un point de vue symbolique : sur les serveurs centraux de l'institut, les ressources informatiques nécessaires au traitement des fichiers les plus volumineux sont allouées entre les charges d'étude selon une comptabilité établie en Francs Colbert.

[59] 1991, *op. cit.*, p. 261.

[60] A. Supiot, 2015, *op. cit.*, p. 162 et suivantes.

qu'une influence peu durable. Revenant sur la déclaration de Philadelphie, A. Supiot en souligne à la fois la geste magnifique et le grand retournement qui s'en est ensuivis, associant de ce point de vue au cours de l'histoire colonialisme et nazisme, communisme et néo-libéralisme dans leur œuvre commune de soumission de l'homme à la science, avec deux versions complémentaires qui s'appuient l'une sur l'anthropologie et la biologie, l'autre sur l'histoire et l'économie[61]. C'est cette grille de lecture qui guide l'opposition ici tissée entre le droit, symbole de maintien d'une vitalité démocratique, et une statistique planificatrice renvoyant à un contrôle politique de la science sur la destinée des hommes.

De la gouvernance néo-libérale : mise en concurrence du droit, transformation de la quantification

La période récente est marquée par une nouvelle rupture, celle du marché total et du néo-libéralisme, que dénoncent de concert A. Supiot et A. Desrosières. Mais, là encore, la description qu'ils proposent diffère sur certains points : quand le premier met l'accent sur la forme paradigmatique de soumission du droit au calcul qui s'y observe – qu'il qualifie de gouvernance par les nombres –, le second souligne les profonds changements des formes de quantification qui y ont cours.

Calcul, concurrence et retour aux droits d'allégeance

Pour A. Supiot, le gouvernement puis la gouvernance par les nombres trouvent leur origine dans une fascination très ancienne pour les mathématiques et leur pouvoir ordonnateur. Selon lui, l'harmonie par les nombres est au principe, tout au long de l'histoire, d'une recherche de concorde politique, visible par exemple aujourd'hui dans le processus d'unification et d'harmonisation européenne, et plus fondamentalement dans l'utopie d'un marché total produisant mécaniquement prospérité économique et paix sociale à l'échelle du globe. Une différence fondamentale du rôle attendu du droit et de la science en découle : là où le calcul permet(trait), de lui-même, de parvenir à un idéal d'harmonie, le droit s'attache(rait) au règlement des situations de discorde entre les hommes. Mais différence ne

[61] A. Supiot, 2010, *L'esprit de Philadelphie*, Paris, Le seuil, 182 pages.

signifie pas nécessairement opposition, et encore moins substitution. De fait, exercice de la justice et idéal mathématique ont longtemps été complémentaires. Le désordre faisant partie de la cité, le droit occupait un rôle central pour résoudre ce qui n'était pas du ressort de l'harmonie[62]. C'est cet équilibre qui a progressivement été sapé avec l'émergence de la science moderne, la croyance en une utopie de l'harmonie par le seul calcul s'accompagnant d'une négation de la nécessité d'un droit conciliateur.

La gouvernance par les nombres n'emporte pas la disparition des lois, mais leur soumission au calcul d'utilité d'après A. Supiot. L'utopie néo-libérale tient à l'oubli des fictions juridiques qui fondaient le libéralisme classique, c'est-à-dire à l'existence d'un tiers garant des échanges économiques et sociaux. Les êtres qui peuplent le néo-libéralisme – les individus bien sûr, mais aussi les entités économiques et politiques que sont les entreprises, les administrations, les États eux-mêmes – n'y sont plus présentés que comme des particules contractant les unes avec les autres. Le monde est purifié, officiellement, du politique, au profit de la technique. Comme dans le gouvernement par les nombres de la planification, le droit joue un rôle instrumental. Mais c'est un asservissement à un calcul d'utilité qui n'est plus organisé par l'État et de nature collective, mais généralisé, diffus, individuel. Le *rule by law*, qui a lui-même remplacé le *rule of law*, est transformé en *law shopping*[63]. Le modèle suivi est celui de la programmation des individus et des organisations par un système de mise en concurrence généralisée, concurrence qui inclut les normes réglementaires elles-mêmes. Ce complexe d'incitations, plus ou moins instrumentées par des indicateurs quantifiés, doit conduire à une maximisation de l'utilité, fiction absolue de l'économie néo-libérale. Suivant cette présentation, la technocratie se substitue à la démocratie dans un mouvement où sont redéfinies de très nombreuses notions : le gouvernement se transforme en gouvernance, la réglementation en régulation, la morale en éthique, la loi en programme, la règle en objectif, *etc.*[64]

---

[62] Pour A. Supiot, la prise de conscience juridique de l'impossibilité de donner à la justice un fondement mathématique remonte à Aristote (à la différence de Platon, qui ne voit dans la loi qu'un pis-aller dû à l'insuffisante connaissance des vérités mathématiques qui sous-tendraient l'univers dans son entier) (2015, *op. cit.*, p. 116).

[63] *Ibidem*, p. 172.

[64] *Ibidem*, tableau p. 48.

Du point de vue du droit, les travaux relevant du courant *Law and economics*, qui s'est développé aux États-Unis et tout particulièrement à Chicago, se traduit par une mise en compétition et un darwinisme des produits législatifs sur le marché mondial des normes[65]. L'ordre normatif est entièrement régi par le calcul, qui se prive ainsi d'un arbitre extérieur au jeu. Détaillant les différentes théories qui participent de ce courant, A. Supiot relève l'indigence des fondements anthropologiques de l'*homo economicus* qu'elles dessinent : dans la théorie des jeux, et de façon emblématique dans le dilemme du prisonnier, les joueurs sont essentiellement mus par la peur et la cupidité, tout raisonnement moral de type kantien, lié à des notions incommensurables comme l'honneur ou le devoir, étant éliminé ; dans la théorie de l'agence, le rôle crucial donné aux incitations vise à protéger le principal (c'est-à-dire l'employeur ou le donneur d'ordre) de la dissimulation et de la paresse des agents (subordonnés, preneurs d'ordre), inversant de fait la logique protectrice du droit du travail ; enfin, suivant le théorème de Ronald Coase (d'où dérivent le principe pollueur-payeur et les modes de conciliation par arbitrage privé), la régulation par évaluation quantifiée des coûts et des bénéfices peut être étendue de façon pratiquement indéfinie, sans exclusion des domaines *a priori* non marchands de la vie sociale et humaine (y compris la nature, le corps, la dignité).

Pour A. Supiot, la dynamique juridique de la gouvernance par les nombres est désormais omniprésente : elle vaut dans l'organisation de la cité et de l'entreprise, mais exerce aussi ses effets sur l'identité et le statut des personnes. Elle consiste en une programmation de l'agir humain, qui ne joue plus un rôle mécanique d'obéissance à des règles, comme dans l'État administratif ou l'entreprise fordiste. La gouvernance par les nombres tient à la capacité – comme l'explicite le programme cybernétique formulé par Norbert Wiener dans les années 1950 – à atteindre des objectifs, dont la réalisation est évaluée au regard d'indicateurs chiffrés en identifiant et utilisant l'ensemble des signaux ou informations disponibles dans l'environnement[66]. Comme dans le gouvernement par les nombres de la société industrielle, capitaliste ou communiste, on retrouve la volonté d'étendre à la société tout entière ce que l'on considère être une organisation scientifique du travail. Mais cette volonté prend une forme nouvelle :

---

[65] *Ibidem*, p. 183 et suivantes.
[66] *Ibidem*, p. 216 et suivantes.

les modèles relèvent de l'algorithme informatique et non plus de la physique classique. La réduction de l'épaisseur humaine à un simple programme de maximisation d'intérêts et la mise en concurrence généralisée des entreprises, des hommes, des administrations, des droits, *etc.* se traduisent selon A. Supiot par un retour à un monde dominé par les liens d'allégeance, sans tiers garant de la justice sociale[67].

Droit versus statistique : l'humain, interprète ouvert ou technicien calculateur ?

Les exemples donnés par A. Supiot du fonctionnement de la gouvernance par les nombres se trouvent dans pratiquement tous les domaines de la vie sociale. Plusieurs auteurs, notamment des juristes, proposent des analyses convergentes. Ainsi, Isabelle Vacarie montre que l'*evidence-based medecine* est un puissant facteur de redéfinition du droit de la santé[68]. De fait, les nouvelles pratiques médicales fondées sur des preuves scientifiques (bibliothèques de cas, travaux épidémiologiques, connaissances génétiques) tendent à se substituer progressivement à l'expérience clinique du praticien alors qu'en parallèle se développe une politique de couverture des frais de santé qui est proportionnelle au service rendu par les diverses alternatives médicales pertinentes. Ce cas illustre particulièrement bien l'opposition qui serait au principe du remplacement du droit, lieu fondamentalement humain du langage, de l'interprétation et de la contradiction, par le nombre, symbole d'un progrès froid, désincarné, et parfois aveugle, porté par la science.

Dans l'analyse qu'il établit des usages normatifs de la quantification[69], A. Supiot rappelle que la manière dont on rapporte des faits à des catégories de pensée diffère fondamentalement pour la statistique et le droit. Dans le cas du droit, la qualification juridique prend place dans le cadre d'un débat contradictoire, public en règle générale, entre les

---

[67] *Ibidem*, p. 241 et suivantes. L'ensemble de la seconde partie de l'ouvrage d'A. Supiot, dont la présentation n'est pas détaillée ici, est consacrée à la description de ces liens d'allégeances.

[68] Isabelle Vacarie, 2014, « Raison statistique et catégories du droit de la santé », Cahiers Droit, Sciences et Technologies, 4, pp. 57-73.

[69] 2015, *op. cit.*, p. 119 et suivantes. Quatre fonctions sont distinguées (rendre compte, administrer, juger et légiférer), qui sont partiellement communes au droit et à la statistique (et à la comptabilité, pour la première).

parties d'un procès. Ce n'est qu'au terme d'un long processus de confrontation, avec des possibilités d'appel le plus souvent, qu'est arrêté un jugement, la vérité légale ne s'installant *in fine* qu'à travers une multiplication de cas qui sédimentent la jurisprudence. Suivant cette description, la qualification du droit se déploie dans l'univers réflexif du langage et demeure par là indéfiniment ouverte au jeu des interprétations. Cette présentation du droit rappelle la description qu'A. Desrosières propose de l'opposition entre les approches monographiques et statistiques[70]. Il y présente la tension entre deux formes d'enquête, deux manières de « construire le monde social », qui ont fait l'objet de critiques mutuelles, d'un point de vue cognitif comme politique. Ces approches ont pris des types variés au cours de l'histoire et, pour la première, des monographies de Frédéric Leplay au XIXe siècle aux critiques des statistiques formulées par les ethnométhodologues américains comme Aaron Cicourel[71]. Dans la forme monographique, l'expérience singulière est mise en avant, la généralisation renvoyant à l'exemplarité, dans une logique consistante avec une défense de la proximité et une critique de l'absence de lien de solidarité existant dans le salariat industriel[72]. Par la codification, la standardisation qu'elle prévoit en amont, la statistique permet le passage de la partie au tout par la sommation, non par la confrontation (répétée ou principielle) du singulier au général.

La qualification statistique n'a, comme l'indique également A. Supiot, que peu de traits communs avec son homonyme juridique. Elle s'effectue dans le secret, reflétant le pouvoir technique souvent discrétionnaire de l'administration statistique. La transparence de la société à elle-même que permet la statistique dépend étonnamment d'opérations largement opaques. Certes, des règles procédurales gages d'indépendance vis-à-vis du politique et d'ouverture au citoyen ont été adoptées au cours des dernières décennies[73], mais elles sont sans

---

[70] A. Desrosières, 2008-1, *op. cit.*, p. 143 et suivantes.

[71] Aaron Cicourel, *Method and measurement in sociology*, New York, New Press of Glencoe, 247 pages.

[72] Cette opposition est reprise dans l'ouvrage *De la justification* (1991, *op. cit.*) de L. Boltanski et L. Thévenot, avec une tension entre le domestique (monographie, expérience, témoignage) et l'industriel (statistique, comptage, régularité) (p. 303).

[73] En témoigne la création du Conseil national de la statistique (CNS, en 1972), puis sa transformation en Conseil national de l'information statistique (Cnis, en 1984). Ce sont en effet des lieux de rencontre et de discussion des règles de production et de diffusion des informations statistiques.

commune mesure avec l'importance de la procédure en droit, notamment en matière pénale. En histoire de la statistique et de la quantification, une attention particulière a d'ailleurs été portée à l'établissement des conventions qui tout à la fois précèdent et permettent la mesure des phénomènes[74], signe d'une nécessaire réflexivité, celle-ci étant directement intégrée à la pratique du droit.

L'opposition avec la statistique n'existe d'ailleurs pas que dans son versant fréquentiste[75]. La position du législateur et la décision du juge renvoient à des situations de choix rationnel en environnement incertain, donc au calcul des probabilités, c'est-à-dire au versant épistémique de la statistique moderne. En remontant aux débats ayant entouré la décision d'inoculer, ou non, la variole, A. Supiot souligne le lien ancien existant entre le calcul des probabilités et l'établissement de la loi[76]. Suivant une logique d'évaluation des coûts et des bénéfices, Daniel Bernoulli estime en 1760 à une moyenne de trois ans le gain d'espérance de vie associé à une inoculation de la maladie. Il est soutenu par des esprits éclairés, tel Voltaire qui dans un débat passionné oppose le progrès (un droit fondé sur la science) à la réaction, alors symbolisée par le philosophe d'Alembert. Cette opposition rappelle celle pointée par A. Desrosières entre monographie et statistique, dans la double nature de la maladie, à la fois événement singulier et fait social, que l'on retrouve au XIXe siècle entre l'art médical de la clinique défendu par Claude Bernard et la médecine hygiéniste, adepte de la méthode numérique.

S'agissant du juge, si l'on suit A. Supiot, la ressemblance entre raisonnements statistique et juridique n'est là encore qu'apparente[77]. L'art du procès tient précisément à des règles qui permettent d'éviter qu'un désaccord ne se transforme en conflit, étant soumis au regard d'un tiers appelé à trancher, en pesant et contrebalançant les faits afin d'établir la vérité du droit. Le juge n'est pas le joueur calculateur que met en scène la théorie des probabilités. Le calcul ne peut se substituer aux opérations qualitatives conduites pour forger son intime

---

[74] A. Desrosières, 2014, *op. cit.*, p. 212 et suivantes, qui présente des réflexions sur le développement de l'économie des conventions en France. Sur ce même sujet, *cf.* Thomas Amossé, 2016 (à paraître), « The Centre d'Etudes de l'Emploi (1970-2015) : Statistics – on the cusp of Social Sciences and the State », *Historical and Social Review*, 41-2.

[75] *Cf. supra* et I. Hacking, 1975, *op. cit.*

[76] A. Supiot, 2015, *op. cit.*, p. 149.

[77] *Ibidem*, p. 142 et suivantes.

conviction. La prudence et la sagesse proprement humaines ne peuvent être remplacées par des techniques calculatoires, d'autant que plusieurs travaux ont montré que l'homme n'était pas un probabiliste rationnel[78].
Malgré leurs similitudes, certaines des opérations élémentaires du droit et de la statistique semblent bien opposées, que cette dernière soit comprise dans son versant fréquentiste ou dans son versant épistémique. Pour A. Supiot, cette opposition tient à la fois au type de raisonnement mis en œuvre et à leur objet : à l'opposé des probabilités et de la statistique, le droit pose des principes et manipule des êtres qui ne peuvent être ni quantifiés, ni faire l'objet d'un calcul. L'asservissement de la loi au nombre, du droit au calcul dans l'ère néo-libérale semble signifier pour lui la victoire inexorable de la technique et de la science sur l'humain. Dans ses écrits, A. Desrosières ne se montre pas moins critique quant à l'émergence de la cité néo-libérale. Il ne met toutefois pas l'accent sur l'affaiblissement du droit par la statistique, mais sur la profonde mutation des formes de quantification que l'on peut y observer.

Quantifications de l'ère néo-libérale

À partir des années 2000, A. Desrosières propose une description du rôle politique des instruments de la quantification dans le monde néo-libéral, et notamment de la manière dont ils modifient en profondeur le fonctionnement démocratique de nos sociétés[79]. Ses instruments présentent plusieurs caractéristiques, dont l'analyse est reprise par A. Supiot dans *L'Esprit de Philadelphie* et *La gouvernance par les nombres*[80] : il s'agit d'une multiplication d'indicateurs permettant des comparaisons systématiques d'entités (individus, organisations, unités géographiques, *etc.*) sur des échelles de mesure variées. Dans l'État néo-libéral, dominent les politiques adossées à une analyse des comportements micro-économiques, la théorie des incitations et des anticipations rationnelles, en lien avec certains des traits de la doctrine de *Law and Economics*. Comme l'historien de la statistique l'indique, cette évolution reflète une tendance historique de long terme pointée

[78] Thomas Amossé, Yann Andrieux et Lara Muller, 2001, « L'esprit humain est-il *bayésien* ? », *Courrier des statistiques*, n° 100, pp. 25-28.
[79] 2014, *op. cit.*, p. 33.
[80] 2010 et 2015, *op. cit.*

par M. Foucault ou, plus récemment par Pierre Lascoumes et Patrick Le Galès[81], de transformation des outils quantitatifs « d'outils de preuve, utilisés par les scientifiques pour étayer leurs arguments » en « outils de coordination, ou de gouvernement »[82]. C'est dans le cadre de ces analyses que s'est développé le terme de quantification, englobant outre la statistique la comptabilité, ainsi que les indicateurs de performance, palmarès et autres outils quantitatifs du *New Public Management*. Il y a bien, derrière le changement de terminologie et de périmètre de définition des usages socio-politiques du nombre, une « sorte de discontinuité dans l'ancien et traditionnel usage des statistiques par les gouvernements »[83].

Les phénomènes de rétroaction, spécifiquement analysés par A. Desrosières, y occupent une place centrale. Ils constituent une rupture par rapport à l'objectivité et l'indépendance historiquement revendiquées par les statisticiens. Nous l'avons rappelé, les outils quantitatifs sont une manière à la fois de prendre appui et d'agir sur le monde. Dans une cité néo-libérale où la temporalité s'est resserrée, ce double mouvement acquiert une dimension plus directement dynamique : la société et l'économie, initialement objets de la quantification, en deviennent également sujets, réagissant à leurs représentations quantifiées, et donc les transformant en retour. Le langage particulier de la statistique devenue quantification généralisée est celui de la comparaison, de l'évaluation et du classement[84], que l'on retrouve derrière le terme anglais de *benchmarking*[85]. Par la mise en comparaison systématique qu'ils permettent, les instruments statistiques entendent précisément modifier les comportements individuels ou collectifs des entités sur lesquels ils portent. Les exemples sont innombrables et constituent désormais le quotidien de nos sociétés : indicateurs d'objectif pour les salariés, les entreprises, les établissements administratifs, les programmes ministériels, les États même au sein de l'Union européenne ; palmarès de professionnels (par exemple dans l'enseignement supérieur et la recherche), d'établissements scolaires ou hospitaliers, de pays même,

[81] Pierre Lascoumes et Patrick Le Galès (dir.), 2005, *Gouverner par les instruments*, Paris, Presses de Sciences Po, 370 pages.

[82] A. Desrosrières, 2014, *op. cit.*, p. 36.

[83] *Ibidem*, p. 36.

[84] *Ibidem*, p. 44 et suivantes.

[85] Isabelle Bruno, Emmanuel Didier, 2013, *Benchmarking. L'État sous pression statistique*, Paris, La Découverte, 209 p.

dans le cadre d'enquêtes internationales comme celles conduites par l'Organisation de la coopération et du développement économique (OCDE).
Cette visée transformatrice des outils quantitatifs donne une puissance nouvelle aux objectifs statistiques, qui tendent à acquérir une normativité forte et, de fait, à se substituer aux règles du droit. La détermination administrative et technique de ces objectifs, le plus souvent sans délibération publique (comme ce fut le cas pour les critères de stabilité de la zone Euro, et comme cela l'est aujourd'hui dans la négociation des traités de libre-échange entre l'Union européenne et les États-Unis), témoigne de la toute-puissance d'une technocratie ayant pris le pouvoir sur les institutions proprement démocratiques. La manière dont fonctionne l'Union européenne est sur ce point édifiante. Ainsi, sur l'analyse de la quantification néo-libérale, A. Desrosières rejoint tout à fait la thèse développée par A. Supiot, qui se centre simplement davantage sur ses conséquences d'un point de vue juridique. Il est à noter que cette transformation ne concerne pas que des instruments de quantification liés à l'organisation du travail en entreprise ou à la manière de conduire l'action publique. Elle est visible dans l'évolution du cœur même de la statistique publique : les enquêtes en population générale. Aussi, plus qu'à une concurrence du droit par la statistique, il semble bien que l'on assiste à leur transformation parallèle.

Dans un travail en cours[86], nous nous sommes interrogé sur les propriétés de l'être auquel s'adresse l'enquête statistique et auquel, par sa normativité, elle donne en retour consistance. Dans le prolongement des travaux pionniers d'Alain Desrosières, Laurent Thévenot ou d'autres, il s'est agi de rendre compte de l'évolution des enquêtes de la statistique sociale depuis 1950, non par les résultats qu'elles fournissent, mais par les mises en forme qu'elles opèrent. Se sont ainsi dégagés les traits pris successivement par cet être, l'« *homo statisticus*, celui que dessinent les agrégations de propriété, à l'opposé de l'*homo singularis*, celui qu'on ne peut raconter qu'au chevet d'une histoire individuelle ou collective »[87]. Il ressort de l'analyse trois formes d'enquête et d'*homo statisticus* associés.

La première forme d'enquête que l'on peut mettre en évidence est celle, classique, de l'enquête dite « ménage », qui a prévalu à l'Insee depuis la première enquête représentative sur l'emploi de 1950[88]. Elle se caractérise par un questionnaire court, existant sous forme de livret papier et ne comportant que peu de filtres. Des enquêteurs y posent à l'ensemble de la population, en face à face, un même ensemble de questions, avec des formulations et modalités de réponse identiques pour tous les répondants. N'y prennent donc place que des « grandes variables » construites par la statistique publique et susceptibles d'être largement comprises. En raison des coûts élevés de collecte des données et de production statistique, les enquêtes sont alors encore relativement rares, et les analyses prennent la forme de tableaux ou de cartes, avec des variables en nombre limité. Leur fonction est de fournir des clichés répétés, comme autant de photographies de la population, où les personnages sont des êtres collectifs auxquels on peut s'identifier selon le statut sexué au sein du ménage (« chef » ou conjoint), la classe d'âge, le groupe social, l'entité géographique.

---

[86] Initié dans le cadre d'un projet rassemblant des chercheurs de l'Institut d'études avancées de Nantes et du WissenschaftsKolleg de Berlin, cette recherche doit être publiée au sein d'un ouvrage collectif dirigé par Andrea Mennicken et Robert Salais. Nous en présentons ici les résultats sous une forme synthétique.

[87] Jean-Claude Passeron, 1999, « De quel homme les sciences de l'homme parlent-elles ? », *Revue européenne de sciences sociales*, 113, p. 5-19 (p. 18). L'opposition rappelle celle entre statistique et monographie évoquée par A. Desrosières.

[88] Il s'agit par exemple enquêtes Emploi, Logement, Budget de famille, Emploi du temps.

Les êtres enquêtés n'y sont qu'indirectement représentés, par leurs catégories d'appartenance : le poids des institutions que sont la famille, la classe d'âge ou la catégorie sociale apparaissant premier. Le rapport de ces êtres, sujets statistiques et politiques, à l'ensemble de la population se fait sur le même mode que le vote, par la totalisation-sommation, auquel correspond techniquement un usage systématique des poids de sondage[89]. Cette forme d'enquête, représentative au sens statistique, l'est aussi au sens politique, suivant une parenté forte avec la démocratie représentative des corps intermédiaires que connaît la France des *Trente Glorieuses*. La mécanique que constitue le Plan permet d'articuler l'ensemble, avec une participation des corps intermédiaires à l'information et la discussion autour de l'orientation des politiques publiques de moyen terme, qui s'appuient largement sur ces enquêtes.

Une deuxième forme d'enquête s'est développée progressivement à partir de la fin des années 1970, et surtout du milieu des années 1980[90]. Elles s'appuient sur des questionnaires longs, linéaires et portant rétrospectivement sur les parcours de vie et/ou incluant des appréciations subjectives renvoyant à l'expérience ordinaire sur des domaines tels que la violence, la souffrance, les gênes corporelles, la satisfaction, la liberté, le bonheur. Ces enquêtes tendent à s'intéresser aux personnes dans leur singularité, au travers de leur histoire, de leur corps, de leurs émotions, loin des « grandes variables » liées aux institutions. Ces enquêtes constituent une hybridation entre les aspirations monographique et statistique. Elles résultent en large partie d'une prise en compte par la statistique publique des réflexions sociologiques d'origine qualitative (plus ou moins compréhensive) suite à leur rapprochement au cours des années 1970. Bénéficiant, pour les enquêtes conduites à partir des années 1990, des possibilités techniques permises par la collecte assistée par informatique, les questionnaires miment le déroulement d'un entretien : par exemple en suivant la logique d'un récit de vie qui vise à fournir une compréhension du présent à partir du passé. Le filtrage et le

[89] Parfois uniquement sur les ménages, et non sur les individus, signe que la statistique a eu quelque retard sur le droit électoral s'agissant de la place des femmes (*cf.* Thomas Amossé, Gael de Peretti, 2011, « Hommes et femmes en ménage statistique. Une valse à trois temps », *Travail genre et sociétés*, 26, p. 23-46).

[90] *Cf.* par exemple les enquêtes Triple biographie, Bonheur et travail, Handicap, invalidité dépendance, Histoire de vie, Violence envers les femmes, Santé et itinéraire professionnel, Victimisation.

paramétrage des questions à poser en fonction des réponses passées peuvent donner le sentiment d'un questionnaire adapté à la personne, à son histoire singulière. Le fait de s'intéresser à ses émotions, ses souffrances ou ses plaisirs, contribue par ailleurs également à établir ce lien particulier avec la personne enquêtée, au delà de l'établissement d'une information d'État. On observe une logique d'analyse spécifique de ces enquêtes, qui ont pour ambition de restituer de façon compréhensive la logique de construction des parcours et la cohérence des appréciations subjectives. La question de la représentativité n'y est plus centrale, ce qui compte, c'est la richesse subjective de la description personnelle, la multiplicité des facettes de l'identité ainsi esquissée, la manière dont la trajectoire passée compte dans la situation présente. La totalisation n'est pas un enjeu déterminant, ce sont plutôt les tensions, polarités internes à la population, et parfois même les contradictions des personnes avec elles-mêmes, qui le sont.

Une troisième forme d'enquête s'est imposée, à partir des années 1990[91], autour d'une visée métrologique, utilisant les possibilités techniques de la collecte informatisée et des appariements multiples pour tendre vers une mesure optimale des informations individuelles. D'une part, les filtres (dans le conditionnement *a priori*) et les paramétrages (dans la formulation) des questions s'accompagnent d'une pré-construction objectivante des individus pour lesquels on définit la meilleure manière de poser les questions. D'autre part, on mobilise, en complément (et parfois en remplacement) des informations provenant de différentes sources, sans attention pour leur cohérence, qui est supposée établie par leur lien (par le biais d'un identifiant commun) à l'individu et leur supposée factualité. Certes, cette manière de collecter les informations peut être invisible à l'individu enquêté, pour lequel l'entretien est toujours unique. Mais les enquêtes engagent bien au-delà du colloque particulier qu'est l'interaction entre enquêteur et enquêté[92]. L'enquête existe, comme objet, pour les concepteurs, enquêteurs et chercheurs et il résulte de ces dispositifs une difficulté de penser les êtres autrement que

91 *Cf.* Les enquêtes Emploi depuis 2003, le panel Européen des ménages puis la *Survey on Income and Living Conditions*, l'échantillon démographique permanent enrichi.

92 Y compris dans les enquêtes par Internet, où les filtres et le paramétrage peuvent être démultipliés.

fragmentés, désassemblés, parcellaires, comme des mosaïques composites ou des peintures cubistes, faites de multiples variables sans toujours de cohérence. Loin des courts questionnaires papier des premières enquêtes « ménage » ou de la trame narrative de la deuxième forme d'enquête, ces dispositifs sont des routines informatiques, de longs programmes, dont l'utilisation nécessite une traduction. Ces dispositifs sont notamment utilisés suivant un objectif d'établissement de causalités entre variables, plus exactement entre « bonnes » (et non « grandes ») variables. Contrairement à ces dernières, qui structuraient une représentation descriptive de groupes sociaux (de sexe, d'âge ou de classe), les « bonnes variables » doivent pouvoir être séparées entre des « exogènes » (attributs des individus) et des « *outcomes* » (souvent liées à des politiques publiques). Dans ce cadre, l'individu peut n'être vu que comme un support technique servant l'identification de causalités : il est amené à s'effacer, les analyses de type économétrique de ces dispositifs amenant à préconiser des actions directes en matière de politique publique, suivant une description possible de l'État néo-libéral[93]. Le cadre d'hypothèse central de l'économétrie, dit « i.i.d. » pour « indépendamment et identiquement distribué » montre le statut de cet être, pour lequel la statistique ne vise pas à une totalisation par sommation ou à une mise en évidence des polarités internes, mais à une neutralisation de la diversité individuelle. L'orientation conduisant à un effacement de l'individu dans ces dispositifs au regard de l'établissement de causalités entre « bonnes » variables est encore plus nette dans le cas des dispositifs de panels prospectifs, dans lesquels les méthodes économétriques d'analyse présentent les individus comme des effets fixes, une « hétérogénéité inobservable », qu'il convient de supprimer.

Il est intéressant de remarquer que les trois êtres qui ressortent de cet examen de l'histoire des enquêtes conduites en France en population générale par la statistique publique renvoient de façon très proche aux trois piliers du montage anthropologique du droit occidental que décrit par A. Supiot dans *homo juridicus*[94]. Cet être à l'image de dieu (*imago dei*), qui se rend maître de la nature, est en premier lieu un sujet, souverain et assujetti (page 53 et suivantes), c'est-à-dire un être politique, artisan en même temps que sujet de ses propres lois, un être

---

[93] A. Desrosières, 2014, *op. cit.*, p. 33 et suivantes.

[94] A. Supiot, 2005, *op. cit.*

armé par la science et la technique, qui n'est que la partie d'un tout, qui se place sous la garantie de l'État. Il est aussi une personne, un esprit incarné (page 59 et suivantes), être doté d'une personnalité (« concept générique fai[sant] tenir ensemble le corps et l'esprit ») en même temps qu'être historicisé, porteur d'une logique de progrès (« l'esprit de la personne se révèle dans son histoire propre »). Enfin, il est cet individu, identique et unique (page 48 et suivantes), qui est à la fois semblable (égalité de droit) et différent (incomparable, il est lui-même sa propre fin), un être insécable et stable (« l'unité de compte par excellence ») en même temps qu'à l'unicité irréductible, un être libre, un « égo plein, qui tisse librement ses liens sociaux et n'est pas tissé par eux ». Finalement, ce que suggère l'évolution des enquêtes statistiques au cours des dernières décennies, c'est une dissociation dans l'*homo statisticus* des trois composantes (êtres « sujet », « personne » et « individu ») constitutives de l'*homo juridicus*. La statistique publique aurait ainsi, de fait, progressivement renoncé à représenter l'homme (et la femme) comme des sujets politiques prenant partie comme éléments d'un tout à la vie de la cité, pour se tourner soit vers leurs histoires singulières, soit vers leurs caractéristiques individuelles, mais fondamentalement impersonnelles, compatibles avec la cité néo-libérale.

Cette évolution, avec l'apparition d'un individu néo-libéral, comme être mis en scène par la statistique publique dans ses grandes enquêtes, fait système avec celle observée en droit, signe qu'elle résulte d'une transformation profonde. Le passage d'une logique « ménage » à une logique « individu » dans les enquêtes conduites en population générale[95] fait écho à l'émergence de la personne comme figure juridique dans la protection sociale[96]. Un examen historique récent de la nomenclature socio-professionnelle témoigne de la même manière d'une évolution liée à celle du droit conventionnel, témoignant d'une transformation de la manière de représenter la société[97]. Créés au début des années 1950, les groupes socio-professionnels correspondent aux entités juridiques des grilles de classification des conventions collectives, les catégories « Parodi »

[95] T. Amossé, G. de Peretti, 2011, *op. cit.*

[96] Laure Camaji, 2010, « La personne : une figure juridique émergente dans le droit de la protection sociale », *Revue du droit du travail*, 211.

[97] Thomas Amossé, 2013, « La nomenclature socio-professionnelle : une histoire revisitée », *Annales, histoire et sciences sociales*, pp. 1039-1075.

(d'ouvriers ou de cadres par exemple). La refonte de 1982 a encore renforcé l'arrimage de l'outil statistique avec le droit (catégories conventionnelles et statuts de la fonction publique). Enfin, la dernière rénovation de la nomenclature (2003) a été marquée par l'émergence des conventions à critères classants et la tentation d'une représentation des emplois sous la forme d'une échelle unique. Si elle n'a finalement pas été retenue, à l'image d'ailleurs de la persistance des catégories Parodi dans les grilles conventionnelles, cette hypothèse est bien visible dans la documentation interne de la statistique publique. Elle montre que statistique et droit sont travaillés par des déplacements normatifs similaires dans la manière de représenter le monde.
On retrouve ainsi, y compris dans la période récente où des formes nouvelles de quantification sont, pour A. Supiot au principe d'une concurrence de la loi par le nombre et pour A. Desrosières associées à leur transformation d'outils de preuve en outils de gouvernement, une adéquation dans l'évolution parallèle du droit et de la statistique publique, qui témoigne de l'émergence d'un individu incité, en lieu et place des êtres davantage inscrits dans des institutions telles que la famille, le collectif de travail ou la classe sociale.

* * *

Au final, que retenir du vaste panorama historique que proposent A. Desrosières et A. Supiot ? Tout d'abord, un important point d'accord, nous semble-t-il : droit et statistique y sont présentés et analysés comme des édifices techniques dont les deux auteurs mettent en avant la dimension politique et la normativité. Se sont ainsi construites parallèlement, au fil de l'histoire, deux manières de représenter (cognitivement, théoriquement et politiquement) la réalité, de prendre appui et d'agir sur elle. Le principal point de désaccord réside dans la manière dont ces deux domaines s'articulent l'un à l'autre. Pour l'historien de la statistique, les transformations successives de la statistique et de la quantification au cours des siècles ont accompagné celles des manières de gouverner, et donc du droit, sans que le nombre ne soit présenté, en soi, comme un facteur de sa fragilisation. La présentation de la planification mise en œuvre pendant les Trente Glorieuses symbolise la divergence d'analyse : elle est implicitement présentée par A. Desrosières comme un modèle d'articulation démocratique du droit et de la statistique alors qu'elle correspond, pour A. Supiot, à une étape entre les périodes libérales et néo-libérales dans le mouvement de long terme d'instrumentation de la loi par le nombre. Si les deux auteurs se retrouvent largement pour dénoncer les instruments quantitatifs de la gouvernance par les nombres, le premier met l'accent sur la transformation dont ils résultent alors que le second souligne leurs conséquences du point de vue du droit.

Avouons-le, il ne nous est pas possible de donner raison, ou tort, à l'un ou l'autre. Et sans doute n'est-ce pas nécessaire tant les analyses proposées, au-delà de leurs différences, sont stimulantes et complémentaires. Nous ne pouvons qu'en conseiller la lecture. En attendant, à titre de suggestions conclusives, quelques remarques nous semblent toutefois pouvoir ouvrir des perspectives. Si les points de vue critiques adoptés par A. Desrosières et A. Supiot sont tout à fait convaincants, on peut regretter le relatif peu d'attention porté à deux caractéristiques symétriques du droit et de la statistique : dans quelle mesure le nombre n'est-il devenu qu'un instrument d'asservissement et non de progrès ? En miroir, à quelle condition la loi est-elle toujours une garantie de justice sociale, ne peut-elle également être une source de domination ?[98]

Il ne s'agit pas de nier la dimension politique du droit et de la statistique, mais de réaffirmer au contraire la nécessaire prise en compte de la pluralité de leurs usages politiques, pour l'une comme pour l'autre, en tant que possibles sources de progrès *et* de régressions. Dans la tradition de l'histoire des sciences américaines, la statistique a été analysée comme un « outil à la disposition des faibles pour combattre les puissants »[99], permettant de faire nombre ou de se comparer pour faire valoir ses droits. Plus récemment, le projet Statactivisme en France a mis en avant le potentiel émancipateur du nombre[100]. Nous ne pouvons qu'inviter à poursuivre dans cette direction, partiellement tracée par Alain Desrosières[101]. Il semble en

[98] On peut regretter de ce point de vue la présentation nous semble-t-il rapide faite par A. Supiot des approches critiques du droit et de l'État en France (2015, *op. cit.*, p. 177).

[99] A. Desrosières, 2014, *op. cit.*, p. 35 en référence au livre de Ted Porter, 1995, *Trust in numbers. The pursuit of objectivity in science and public life*, Princeton, Princeton University Press, 310 pages.

[100] Isabelle Bruno, Emmanuel Didier, Julien Prévieux (dir.), 2014, *Statactivisme. Comment lutter avec des nombres*, La découverte, 208 pages.

[101] A. Desrosières, 2014, *op. cit.*, p. 70 et suivantes pour sa communication écrite correspondant à la journée Statactivisme du 15 mai 2012.

effet plus que jamais nécessaire, à partir d'un examen attentif et critique des usages contemporains du droit et de la quantification, de penser, et peut-être d'inventer, de nouvelles manières, démocratiques, d'articuler droit et statistique, en redéfinissant tout à la fois le rôle et les contours de l'État et les possibilités de défendre ses droits, avec et sans la loi, avec ou sans les nombres.

La notion de droit fondamental, facteur politique de socialisation de l'individu, cause juridique d'atomisation de la société ?

Christophe TUKOV

Note de l'auteur : cette conférence a été donnée dix jours avant les attentats du 13 novembre 2015. Son contenu aurait alors pu être utilement actualisé par une étude entre la conciliation des droits fondamentaux et les intérêts fondamentaux de la nation, en matière de sécurité, et plus largement entre les notions d'état de droit et d'état d'urgence.

L'objet de ce propos est d'essayer de montrer l'ambivalence inhérente à l'évolution de la notion de droit fondamental.

La naissance des « libertés publiques », s'appuyant notamment sur le contrat social, contribue à la construction de l'individu, mais en ce qu'il est principalement membre du corps social et politique. Il sera fait état, notamment, de la distinction opérée par B. Constant de la liberté des anciens et des modernes, et de la conception « négative » des libertés publiques, en tant qu'elles consacrent une non-immixtion de l'État dans la sphère privée.

Mais, sous l'influence notamment du développement de l'État Providence et de la jurisprudence extensive des juridictions européennes (Cour EDH, CJUE), le développement de la notion de droit fondamental remet l'individu au centre du système social, en tant qu'agent revendicatif existant à travers, notamment, les réseaux sociaux et les tribunaux.

Sur ce second aspect, une rapide analyse sera menée concernant le « mariage pour tous », la laïcité et la loi récemment adoptée sur le renseignement et le terrorisme. Sera aussi abordée la question de la juridicisation de notre société, élément incontournable de son atomisation.

Notre modèle de démocratie « occidentale » dont les droits fondamentaux sont considérés comme l'un des éléments constitutifs, doit donc répondre à cette ambiguïté qui mine notre pacte social, d'autant plus que les droits fondamentaux sont à la fois le chêne vigoureux qui en constitue les fondations, et les termites qui le rongent insidieusement.

Je partirai de l'analyse du Vice Président du Conseil d'État, Jean Marc Sauvé, publiée pour le cinquantenaire de la revue Droit Administratif en novembre 2012, intitulé « La dynamique de protection des droits fondamentaux ». Pour lui, « *les droits fondamentaux s'inscrivent comme l'assise même de notre société, en tant que principes essentiels qui fondent la civilisation. Ils se sont inscrits comme des éléments structurants de nos États de droit et sont garantis par des juges de mieux en mieux armés pour les faire respecter* ». Tout en ayant conscience de la multiplication de déclarations de droit, et de la pluralité des ordres juridiques et des juges pour les appliquer, qui peuvent générer de la confusion, notamment en présence de cultures juridiques différentes, il conclut néanmoins à titre principal qu'il ne faut « *pas oublier l'accomplissement remarquable que constituent, dans nos démocraties, l'avènement et la consécration, chaque jour plus grande, des droits fondamentaux* ».

Certes. Pourtant, à titre d'exemple, je vous rappelle la réaction d'un usager de la SNCF, interrogé suite au projet de loi, consécutif à la tentative d'attentat du Thalys du 21 août 2015, tendant à autoriser les fouilles de bagages, voire les palpations de sécurité, avant la montée dans un train : « atteinte intolérable à ma vie privée ».

Je vous renvoie également à ce que constatait déjà Antoine Garapon en 1997, lors d'une conférence donnée à la faculté de Droit de Toulon : notre société se juridicise, se juridictionnalise, se judiciarise et se pénalise.
Il décrivait ainsi la tendance lourde de notre société, sous l'influence anglo-saxonne et surtout étasunienne, de penser les rapports entre ses membres en termes juridiques, d'en résoudre les conflits par un procès, devant une juridiction de préférence judiciaire et en particulier pénale, celle qui suscite le plus de crainte, par son arsenal répressif, et aussi, généralement, la moins coûteuse pour le requérant.

Il pointait, il y a près de trente ans, l'évolution de notre société vers une certaine rigidification des rapports entre ses membres, procédant du développement de la notion de droit fondamental, ce que Bourdieu nomme la « société du litige ».

La naissance de l'idée démocratique moderne est indissociable du développement de la théorie des droits naturels, et du libéralisme politique, qui a inspiré par la suite les grandes déclarations de droits des XVIIe et XVIIIe siècles. Puis, c'est notamment Benjamin Constant, avec sa distinction de la liberté des anciens et des modernes, qui déconnecte définitivement la démocratie de l'Antiquité, telle que pouvait la décrire Périclès, de la démocratie moderne fondée sur les droits.

A/ Un lien consubstantiel entre droits fondamentaux et démocratie

1. Naissance des démocraties modernes

a) Juridiquement : déclarations des droits

On pourrait faire remonter le premier grand texte à la Magna Carta de 1215, par laquelle les barons anglais poussent le Roi à les réunir afin de consentir à l'impôt servant à financer l'effort de guerre (articles 12 et 14). On peut dire que c'est l'acte de naissance du parlementarisme. Le consentement à l'impôt est l'un des fondements d'une démocratie, il sera consacré plus tard par d'autres textes plus illustres, notamment la DDHC, et pourtant son statut actuel en droit constitutionnel français est surprenant puisqu'il ne fait pas partie des droits et libertés que la Constitution garantit, au sens de l'article 61.1 de la Constitution instaurant le système de la QPC que nous approfondirons tout à l'heure. En effet, le consentement à l'impôt ne fait partie ni du cœur central des droits et libertés, ni même des moyens périphériques qui peuvent être invoqués à l'appui d'une QPC, il en est totalement exclu (DC 2010-5, Kimberly Clark).
Il est à peine abordé par le Conseil Constitutionnel dans son avis rendu le 9 septembre 2012 sur la transposition du mécanisme européen de stabilité en droit interne, en estimant d'ailleurs que le Traité ne porte pas atteinte à la souveraineté budgétaire et financière française (DC 2012-653, pour un article complet sur la question, voyez RFDA nov/déc 2012 par Eric Oliva).
Je trouve que cet exemple correspond assez bien à l'évolution de notre système social et politique, dans la mesure où le consentement à l'impôt constitue selon moi une liberté politique majeure.

Pour en revenir à la Magna Carta, je précise que dans son article 39 se trouve les germes de l'Habeas Corpus avec, notamment, la protection contre l'arrestation arbitraire.

Il nous faut ainsi avancer dans le temps pour parvenir aux premiers textes anglais (Petition of Rights en 1628, Habeas Corpus en 1679, puis Bill of Rights en 1689 pour le XVIIe siècle), puis déclaration d'indépendance américaine en 1776 et DDHC en 1789 qui parachève l'ère des grandes déclarations de droits en même temps que les démocraties s'affirment.

Arrêtons-nous un instant sur notre DDHC de 1789 qui consacre vous le savez une série de droits naturels et imprescriptibles de l'Homme, et notamment sur son article 16 qui énonce « *Toute société dans laquelle la garantie des droits n'est pas assurée, ni la séparation des pouvoirs déterminée, n'a point de constitution* ». Constitution, non au sens formel, mais matériel, fondamental. La garantie des droits n'est pas assurée s'il n'y a pas de séparation des pouvoirs, ce qui sous-entend notamment qu'il revient à un juge indépendant de veiller à leur protection, et même si dans l'esprit majoritaire de 1789, il faut plutôt se méfier des juges.

C'est donc à partir de la fin du XVIIIe siècle que les déclarations de droits, la protection des droits fondamentaux, et la démocratie, sont liés.

C'est aussi à partir de ce moment-là que la démocratie devient autant juridique que politique.

Après la Deuxième Guerre mondiale apparaissent une série de textes à vocation transnationale: Déclaration universelle des droits de l'homme de 1948, qui définit le respect de la dignité humaine comme l'idéal commun à atteindre par tous les peuples et toutes les nations », Convention internationale des droits de l'enfant de New York, Convention européenne des droits de l'Homme.
Cette deuxième série de grands textes tend à l'universalisme et postule que le respect de ces préceptes vaut pour toute l'humanité. De notre point de vue certainement, mais du point de vue de cultures différentes, la Chine par exemple, ce n'est pas évident.

b) Politiquement : le pacte social

J'ai choisi de remonter principalement à Hugo Grotius et Samuel Pufendorf, qui consacrent la naissance de l'école du droit naturel qui a considérablement influencé la philosophie des Lumières.
J'insiste surtout sur Pufendorf qui affirme le primat de l'amour propre égoïste, mais cet égoïsme est partiellement compensé selon lui par une disposition à la fois naturelle et rationnelle à désirer pour autrui ce que l'on désire pour soi-même : l'État nait bien du besoin de garantir la sureté, mais la société humaine présuppose la sociabilité naturelle.
Il considère, comme Hobbes d'ailleurs, qu'il n'y a pas de rupture absolue entre la recherche de l'intérêt personnel et le respect du droit, et que le respect du droit des individus n'est pas incompatible avec l'État absolutiste. Hobbes est un penseur de la même époque que Pufendorf, il a écrit « Le Léviathan » en 1651, vingt ans avant « Du droit de la nature et des gens » de Pufendorf, mais il avait aussi publié, antérieurement, les « Eléments du droit naturel et politique » en 1640.
Pour Hobbes, les passions humaines, guidées par le souci prédominant de la préservation de soi, sont causes de perpétuels conflits. Le droit que les individus peuvent revendiquer sur toutes choses engendre la défiance mutuelle. L'égalité moyenne de forces qui existe entre eux assure la perpétuation de l'état de guerre de tous contre tous. Ainsi pour Hobbes, le seul moyen d'échapper à cette situation est de passer un contrat par lequel chacun renoncera à son droit à tout et avalisera par avance les actes d'une instance souveraine dont la mission sera de garantir la paix.
C'est la naissance théorique de la société civile, voire de la démocratie libérale, puisque l'instauration contractuelle de l'autorité, qui implique une renonciation à notre liberté naturelle, ne peut signifier l'abandon de droits attachés à notre condition d'homme.
Aliéner, par choix ou par force, notre droit à défendre notre vie et surtout les moyens de les préserver de façon à réaliser notre idée du bonheur, serait contraire à notre nature et à la fin pour laquelle nous acceptons les disciplines de la société.
Ainsi nous présentons souvent Hobbes contre le théoricien de l'absolutisme, avec Jean Bodin, mais en réalité c'est l'un des précurseurs du libéralisme qui met en avant la protection des droits naturels.

La figure plus couramment admise du libéralisme est Locke, qui le fonde, dans son « Essai sur l'entendement humain » (1690), sur la loi naturelle imposée par Dieu, supérieure à la loi civile, faite par les sociétés politiques, et la loi d'opinion ou de coutume, même si, selon lui, la plus grande partie des hommes se gouvernent par la loi d'opinion, sorte de norme sociale résultant de la coopération entre les individus.
Il distingue également trois dimensions de la liberté : la liberté de sa propre personne, la liberté de ses propres pensées et sentiments et enfin la liberté de disposer des choses qui, sur la base du droit, reviennent à la personne. De nombreuses constitutions ont été imprégnées de ces dimensions de la liberté, elles ont inspiré les dispositions prises relatives aux droits fondamentaux, et sont donc, vous le savez, un pilier de la démocratie sociale. Selon Locke, les hommes entrent dans l'état civil par un contrat d'association de consentement mutuel et un contrat de soumission conditionnel. « *La finalité de la loi n'est pas d'abolir ou de restreindre, mais de préserver et d'accroître la liberté* ».

On comprend donc bien que la naissance de la société politique moderne passe par la reconnaissance de l'existence de droits naturels attachés à l'homme et que le souverain doit respecter.

C'est Benjamin Constant qui va systématiser, après la Révolution française et les premières déclarations de droits, la ligne de partage entre un gouvernement modéré et un pouvoir absolu qui ne manquerait pas de mettre en péril la liberté et les droits de l'individu. Il constate à la fois l'exigence démocratique du consentement populaire comme source du pouvoir et fondement de la légitimité politique, et l'exigence libérale de la limitation de l'autorité gouvernementale par la reconnaissance et la garantie des droits individuels.

2. La liberté des anciens et des modernes selon Constant

Avec la consécration des droits fondamentaux, on assiste à une modification de l'idéal démocratique ou tout du moins de l'objectif démocratique.
Je m'appuie notamment sur Benjamin Constant, et plus particulièrement sur son discours « De la liberté des anciens comparée

à celle des modernes » prononcé à l'Athénée royal de Paris en 1819. J'en cite un court extrait :
« *La liberté individuelle, voilà la véritable liberté moderne. La liberté politique en est la garantie ; la liberté politique est par conséquent indispensable (...) Ce n'est point la garantie qu'il faut affaiblir, c'est la jouissance qu'il faut étendre. Ce n'est point à la liberté politique que je veux renoncer ; c'est la liberté civile que je réclame avec d'autres formes de liberté politique (...) Comme la liberté qu'il nous faut est différente de celle des anciens, il faut à cette liberté une autre organisation que celle qui pourrait convenir à la liberté antique (...) Dans l'espèce de liberté dont nous sommes susceptibles, plus l'exercice de nos droits politiques nous laissera de temps pour nos intérêts privés, plus la liberté sera précieuse (...) Le danger de la liberté moderne, c'est qu'absorbés dans la jouissance de notre indépendance privée, et dans la poursuite de nos intérêts particuliers, nous ne renoncions trop facilement à notre droit de partage dans le pouvoir politique* ».
Cette réflexion de Benjamin Constant fait un lien tout trouvé entre la nécessaire protection des libertés et ses possibles excès. Il entrevoit déjà le problème lié à la consécration de la liberté individuelle au détriment de la liberté politique. Or la liberté politique est un élément fondamental de la démocratie.

Mais c'est Pufendorf, involontairement, qui a identifié la contradiction affectant la notion de droit fondamental comme ciment de la société politique et germe de sa fragilité.
« *Voici donc la loi fondamentale du droit naturel : c'est que chacun doit être porté à former et à entretenir, autant qu'il dépend de lui, une société paisible avec tous les autres, conformément à la Constitution et au but de tout le genre humain sans exception* (en majuscules dans le texte « Du droit de la nature et des gens (1672, livre II ch. III).
D'où il s'ensuit que, comme quiconque oblige à une certaine fin oblige en même temps aux moyens sans quoi on ne saurait l'obtenir, tout ce qui contribue nécessairement à cette sociabilité universelle, doit être tenu pour prescrit par le droit naturel, et tout ce qui la trouble, au contraire, doit être censé défendu par le même droit ».

B/ Les dangers de l'excès de droits fondamentaux

Ces dangers proviennent, en premier lieu, du flou entourant sa définition. Tout à tendance aujourd'hui à être décrit comme droit fondamental. Cela étend d'autant le champ de son i*mperium*, même s'il risque concomitamment une certaine fragilisation. Le danger qui menace, en second lieu, la démocratie est le caractère irréductible des droits fondamentaux qui peuvent s'opposer, d'autant plus qu'ils se développent et atteignent de nouvelles sphères. Droits de 1re, 2e, 3e et même 4e génération multiplient les risques de conflits entre eux, et par leur nature empêchent tout débat ou dialogue qui sont l'essence d'une démocratie.

1. Une définition floue

Droits de l'Homme : théorie qui attribue à l'Homme un certain nombre de droits fondamentaux, inhérents à sa personne, indépendamment de son origine et de sa condition sociale : liberté, propriété, sureté, résistance à l'oppression. Droits inaliénables et imprescriptibles, ils constituent autant de limites à l'intervention de l'État, qui a pour fonction de les garantir.

Quiconque parcourt aujourd'hui les différentes déclarations de droit, les constitutions modernes, ou les décisions des cours constitutionnelles ou européennes, s'apercevra immédiatement de l'extension des droits fondamentaux au sein de nos démocraties. Tout est droit fondamental.

Le site internet officiel « vie publique » décrit les droits de l'homme comme suit :
On peut distinguer plusieurs catégories de droits reconnus aux citoyens, en fonction de leur ordre d'apparition chronologique. Ces droits sont tous garantis par l'État.
Les premiers droits reconnus sont les droits-liberté (ex : liberté d'expression, d'opinion, de réunion, d'association...). Ils peuvent être individuels ou collectifs et offrent aux individus une certaine autonomie et la possibilité d'agir sans soumission. Ce sont ces droits que reconnaît la Déclaration des droits de l'homme et du citoyen du 26 août 1789, mais qui ont nécessité de longues conquêtes avant d'être acquis. Parmi eux, les droits politiques permettent une

participation au pouvoir. Il s'agit du droit de vote et d'éligibilité (d'être élu).
Le stade suivant du développement des droits des citoyens a concerné les « droits créances ». Ils contribuent à la dignité de l'individu, mais à la différence des droits-libertés, ils ont un coût. En effet, leur nom vient de la nécessité de l'intervention de l'État pour leur mise en oeuvre concrète.
Il s'agit de droits économiques et sociaux, tels que le droit à l'instruction, le droit à la santé, le droit au travail, le droit d'appartenance à un syndicat. En France, ils sont inscrits dans le préambule de la constitution du 27 octobre 1946. Cette affirmation de droits nouveaux a coïncidé avec la création de l'État-providence, à savoir d'un État plus interventionniste économiquement et socialement. « L'État assure, l'État garantit… »
En ce qui concerne la troisième génération de droits de l'homme. Ils concerneraient, non pas seulement les citoyens d'un même État, mais impliqueraient une solidarité internationale (ex : droit à un environnement sain, droit des générations futures, droit d'ingérence humanitaire). Droits collectifs.
La quatrième génération de droits, l'habeas data ou la protection des données personnelles, via internet notamment, a déjà émergé et fait même l'objet d'une protection constitutionnelle au Brésil.

Véronique Champeil Desplats, avec Norberto Bobbio, offrent des clés intéressantes pour comprendre les évolutions idéologiques dans lesquels sont enserrés la démocratie et les droits de l'homme. On peut en effet partir d'une dissociation que Bobbio établit nettement entre deux formes de libéralisme : d'une part, un libéralisme politique qui renvoie à l'attachement aux grandes libertés individuelles héritées des révolutions du XVIIIe siècle face aux ingérences de l'État dans la sphère privée et qui sont à la base des régimes démocratiques modernes et, d'autre part, un libéralisme économique qui vise à réduire l'intervention publique dans le domaine économique et social.
Ce libéralisme politique serait d'ailleurs ce que Constant appelait la liberté des modernes en comparaison de la liberté politique des anciens.
Depuis les choses ont encore évolué.

Après la Deuxième Guerre mondiale ainsi qu'après la chute des régimes autoritaires en Europe ou en Amérique latine à partir du milieu des années 1970, par delà l'hétérogénéité des forces politiques en présence, une majorité se dégageait pour consacrer un mode d'organisation du pouvoir démocratique porteur de liberté individuelle, tout en donnant une place substantielle à l'État dans la reconstruction économique et sociale : le libéralisme était bien plus politique qu'économique. Depuis une vingtaine d'années, le rapport s'est inversé. Le libéralisme est avant économique – les évolutions technologiques et sociales fournissent un prétexte tout trouvé pour remettre en cause les fondements idéologiques de la reconstruction économique et sociale de l'après-guerre -, tandis qu'il tend à être de moins en moins politique : repli sécuritaire, repli sanitaire, repli identitaire, nouvelles formes de concentration du pouvoir politique, contrôle et standardisation des moyens de communication et de diffusion des idées. La remise en cause des libertés afférentes sont autant de fragilisation du fonctionnement de nos démocraties.
Cette sorte de dilution des droits fondamentaux emporte une deuxième conséquence qui est la diminution du dialogue et du débat.

2. Les blocages issus du conflit de droits fondamentaux

J'aime beaucoup l'idée développée par John Rawls (Théorie de la Justice, 1971) : « *En définitive, le concept fondamental d'une démocratie, c'est le concept du débat en soi. Lorsque les citoyens débattent, ils échangent leurs opinions et discutent de leurs propres idées sur les principales questions d'ordre public et politique* ». Il ajoute *« la démocratie est l'exercice de la raison publique* ».
Il précise également que « les principes de la justice sont le résultat d'un accord équitable », développant ainsi la théorie de la justice comme équité.

Or, par exemple, Mary Ann Glendon, qui fait partie de la Commission des États-Unis sur la liberté religieuse internationale (USCIRF), professeur de droit à Harvard, spécialiste de la question des droits humains et de droit constitutionnel et ancienne ambassadrice des États-Unis près le Saint-Siège, et qui a également effectué deux mandats à la tête du Conseil présidentiel de bioéthique (2001-2004), auteur de nombreux ouvrages, estime que le développement des droits dits fondamentaux dans toutes les sphères de notre vie conduit à des

blocages insurmontables lorsque ces droits fondamentaux s'opposent. Elle parle « d'absolutisme des prétentions », qui entrave les compromis, donc les accords.
En matière de droits fondamentaux, le discours se radicalise, chacun se retranche derrière son droit constitutionnel de, son droit constitutionnel à, et le dialogue est ainsi impossible, les conflits sont irréductibles. On le voit en matière de liberté religieuse, de port d'armes, de grève, etc... Elle estime ainsi que le changement de dénomination des droits et libertés, de « libertés publiques à droits fondamentaux », emporte des effets négatifs.
Cette généralisation des droits fondamentaux tue le dialogue et le débat au sein d'une démocratie, et une démocratie sans débat ni dialogue n'est plus réellement une démocratie substantielle...
D'ailleurs les politiques eux-mêmes adoptent un vocabulaire de plus en plus juridique, qui fait émerger ainsi une classe des juristes sachants, évolution très perceptible en Israël, par exemple, mais plus généralement dans toutes nos démocraties modernes.

C'est ce que décrit notamment Bourdieu quand il aborde la société du litige et ses travers. « *Le décalage entre la vision vulgaire de celui qui va devenir un justiciable, c'est-à-dire un client, et la vision savante de l'expert, juge, avocat, conseiller juridique, n'a rien d'accidentel : il est constitutif d'un rapport de pouvoir qui fonde deux systèmes différents de présupposés, d'intentions expressives, deux visions du monde. Ce décalage, qui est le fondement d'une dépossession, résulte du fait que, à travers la structure même du champ, et de système de principe de vision et de division qui est inscrit dans sa loi fondamentale, sa constitution, s'impose un système d'exigences dont le coeur est l'adoption d'une posture globale, notamment en matière de langage* ».

Pourtant, il est nécessaire de concilier ces droits et pour cela, comme le montrent par exemple Dworkin ou Alexy, le rôle du juge est central.

Il existe d'autres situations dans lesquelles l'excès, l'abus de droits fondamentaux, conduit à les supprimer. C'est ainsi qu'en Allemagne, l'article 18 de la loi fondamentale énonce que « quiconque abuse de la liberté d'expression des opinions, notamment de la liberté de la presse, de l'enseignement, de réunion, d'association, de propriété ou du droit d'asile pour combattre l'ordre constitutionnel libéral et démocratique est déchu de ses droits fondamentaux ? La déchéance et son étendue sont prononcées par la Cour constitutionnelle fédérale ». On retrouve là l'idée de démocratie militante et le rôle joué par les cours constitutionnelles en matière de protection de l'ordre constitutionnel, et notre Conseil constitutionnel en est encore très loin. À l'opposé, nous avons les États-Unis et son « libre marché des idées », au sein duquel toutes les idées, même extrémistes, peuvent être exprimées.

J'ai choisi d'aborder deux exemples en France de l'évolution de notre société : **Mariage pour tous et loi sur le renseignement**.

La loi sur le mariage pour tous est selon moi un bon exemple de conflit minant le pacte social au nom des droits fondamentaux. Ce fut, en dépit des apparences, un débat très juridique qui a trouvé une résonance particulière dans la saisine du Conseil Constitutionnel que j'ai commentée dans le *JCP* du 6 mai 2013.

Sur l'existence d'un droit fondamental relatif au mariage entre un homme et une femme (altérité sexuelle), les requérants estimaient que « Le mariage civil français, intrinsèquement lié à la Révolution française, est inscrit dans l'Histoire comme l'union d'un homme et d'une femme. Il doit donc être reconnu comme un principe fondamental reconnu par les lois de la République. À ce titre, le mariage civil républicain est une construction historique originale « à la française », qu'il convient de consacrer comme un pilier de notre ordonnancement juridique (...) En conformité avec les principes de droit naturel réaffirmés en 1789, toutes les lois républicaines régissant le mariage, ses effets ou sa dissolution, ainsi que d'autres domaines de la vie privée ou publique, qui se sont succédées depuis 1792 jusqu'à 1946 et encore jusqu'à aujourd'hui, ne l'ont conçu qu'entre un homme et une femme ».

Cet argument s'est développé au cours des débats parlementaires et a été relayé par une partie de la doctrine (voir par exemple, « Sur une disputatio contemporaine et brûlante : considérations sur la reconnaissance de l'altérité sexuelle des époux comme PFRLR », B. Pauvert, *Droit de la Famille* n° 1, janvier 2013, p. 37). Cette

question intéresse directement la théorie du contrôle de constitutionnalité à travers la définition de ce qu'est un PFRLR.
Or, pour d'autres auteurs que nous rejoignons (voir par exemple Alexandre Viala, « Un PFRLR contre le mariage gay ? » *Revue des Droits et Libertés Fondamentaux*, 2013, chron. n° 4, 21 janvier 2013), ce raisonnement repose sur « une méthode épistémologiquement infondée » et sur « une méconnaissance de la philosophie de la jurisprudence constitutionnelle des PFRLR ». En effet, les décisions du Conseil « découvrant » un PFRLR obéissent toutes aux mêmes critères, systématisés dans la décision du 20 juillet 1988 (CC n° 88-244 DC, rec. p. 119) : caractère républicain de la loi d'où le principe est issu, constance absolue du principe de l'affirmation du principe par des législations ultérieures, antériorité au préambule de 1946 de la loi dont il découle. Nous rajoutons avec cet auteur qu'un PFRLF procède fondamentalement d'une nature subjectiviste.
En l'espèce, si les deux derniers critères ne nous paraissent pas contestables, le premier est sujet à débat au vu de la proximité entre la promulgation du code civil le 25 mars 1804 et la proclamation de l'Empire intervenue le 18 mai 1804 et plus généralement du contexte politique et institutionnel de cette période. Mais, en tout état de cause, ce PFRLR ne recouvre pas un droit subjectif.
De surcroît, dans sa décision du 28 janvier 2011 (CC 28 janvier 2011, 2010-92 QPC, Interdiction du mariage entre personnes de même sexe, *JO* 29 janvier 2011) que les requérants mentionnent pour tenter d'en minimiser la portée, le Conseil a considéré que l'exclusivité du mariage hétérosexuel n'était pas contraire à la Constitution tant que le législateur ne décide souverainement de mettre un terme à la différence de traitement entre couples homosexuels et couples hétérosexuels, et a reconnu que la question de l'ouverture ou non du mariage aux couples de même sexe relevait de l'office du législateur.

Cette question me paraissait donc instinctivement inopérante, mais un bel effort a été réalisé pour faire entrer l'altérité sexuelle matrimoniale dans le domaine des droits fondamentaux, et donc juridiciser le débat politique pour le continuer par d'autres moyens.

Mais le débat ne s'est pas clos pour autant avec la décision du Conseil constitutionnel du 17 mai 2013 rejetant le recours, car un autre droit fondamental a alimenté d'interminables querelles débutées fin 2012 et achevées, *a priori*, par la décision rendue sur QPC par le Conseil constitutionnel le 18 octobre 2013. La clause de conscience des maires a en effet constitué le soap opéra juridico politique de l'année 2013 (c'est le titre d'un libre propos que j'ai rédigé dans le *JCP* du 28 octobre 2013).

Vous savez en effet que de nombreux maires envisageaient publiquement de faire jouer leur clause de conscience pour refuser de célébrer un mariage entre personnes de même sexe.

Pour moi ce débat n'en était pas un (comme le débat précédant concernant la qualité de PFRLR à l'altérité sexuelle matrimoniale), j'avais d'ailleurs eu l'occasion de le démontrer dans la même revue juridique en décembre 2012, dans un article traitant de la clause de conscience des maires dans l'application des lois de la République.

Les auteurs de la QPC invoquaient la violation de l'article 10 de la Déclaration de 1789, en ce que la loi du 17 mai 2013 n'avait pas prévu de dispositions garantissant la liberté de conscience et d'opinion des officiers de l'état civil.

Ainsi donc en octobre 2013, le CC a refusé de reconnaître la clause de conscience aux maires, en rappelant « *que l'article 165 du Code civil prévoit notamment que le mariage est célébré publiquement lors d'une cérémonie républicaine par l'officier de l'état civil de la commune ; qu'en vertu de l'article L. 2122-32 du code général des collectivités territoriales, le maire et les adjoints sont officiers de l'état civil dans la commune ; qu'en cette qualité, ils exercent leurs attributions au nom de l'État ; que, dans le cadre de ces attributions, selon l'article L. 2122-27 dudit code, le maire est chargé de l'exécution des lois et règlements* », pour considérer « *qu'en ne permettant pas aux officiers de l'état civil de se prévaloir de leur désaccord avec les dispositions de la loi du 17 mai 2013 pour se soustraire à l'accomplissement des attributions qui leur sont confiées par la loi pour la célébration du mariage, le législateur a entendu assurer l'application de la loi relative au mariage et garantir ainsi le bon fonctionnement et la neutralité du service public de l'état civil ; qu'eu égard aux fonctions de l'officier de l'état civil dans la célébration du mariage, il n'a pas porté atteinte à la liberté de conscience* », et décider « q*ue les dispositions contestées ne méconnaissent ni le principe de pluralisme des courants d'idées et d'opinions, ni le principe de la libre administration des collectivités territoriales, ni aucun autre droit ou liberté que la Constitution garantit* ».

Et puisque les décisions du Conseil constitutionnel doivent, de plus en plus, être lues et interprétées à la lumière des commentaires qui y sont officiellement associés sur le site web de cette juridiction, palliant ainsi un éventuel excès de concision, nous pouvons relever que le conseil a fondé son raisonnement sur la triple circonstance que le respect de la loi est inhérent à la fonction de l'officier de l'état civil, que le principe de neutralité du service public s'oppose à ce qu'un maire puisse s'abstenir, pour des motifs philosophiques ou religieux, d'accomplir un acte auquel il est légalement tenu, tout en conservant sa fonction, et que l'acte accompli est un acte juridique qui n'implique pas la conscience de son auteur dans des conditions comparables à l'acte de diagnostic ou thérapeutique du médecin, notamment en matière d'IVG.

Je trouve que cet exemple du mariage pour tous est un exemple pertinent de la juridicisation et de la juridictionnalisation du débat politique et sociétal. Plus particulièrement, le fait que les maires eux-mêmes essayent de se soustraire à l'application des lois de la République en se cachant derrière une clause de conscience est assez symptomatique de l'état de notre société civile et politique.

L'autre exemple que j'ai retenu est **la loi sur le renseignement**, et plus généralement le comportement de notre société civile et politique, notre République, face au terrorisme.

Je vous ai fait part du comportement de l'usager SNCF qui ne voulait en aucune manière que sa vie privée soit violée par des fouilles aléatoires de bagages ou des palpations de sécurité opérées par des agents SNCF ou de la RATP. Il réagissait au dispositif décrit par une déclaration du ministre de l'Intérieur le 19 octobre 2015, en écho à l'attentat déjoué du Thalys le 24 août dernier, dans un objectif de lutte accrue contre les actes terroristes et les atteintes graves à la sécurité publique.
C'est une preuve de ce qu'une grande partie de nos concitoyens ne sont pas, ne sont plus, prêts à voir s'affaiblir une partie de leurs droits constitutionnels au profit de la sécurité publique, y compris en des temps troublés, alors que cette sécurité, paradoxalement, a été élevée récemment au statut de droit fondamental par la Cour EDH.

C'est le même réflexe qui a conduit à la saisine du CC pour qu'il statue sur le projet de loi relatif au renseignement, qui faisait écho, lui, non pas à l'attentat du Thalys, mais aux évènements de janvier 2015.
Tout le monde ou presque s'accorde à dire que le renseignement est la pierre angulaire de la prévention du terrorisme. Il a d'ailleurs été consacré par le livre blanc de la défense nationale de 2007. Il se fonde notamment sur les écoutes téléphoniques, qui sont par principe ordonnées par un juge du siège, donc indépendant. Vous savez que le projet de loi a légalisé des pratiques existantes, notamment sur la collecte de données par WiFi, tout en élargissant les cas où de telles mesures ne seraient pas ordonnées ou contrôlées par un juge.
Un des moyens invoqués par les députés requérants était l'atteinte disproportionnée au droit au respect de la vie privée et à la liberté d'expression, dès lors que les finalités énumérées par le législateur pour y avoir recours sont trop larges et insuffisamment définies.
Je rappelle que ces finalités correspondent à « *la défense et la promotion des intérêts fondamentaux de la Nation suivants : 1° L'indépendance nationale, l'intégrité du territoire et la défense nationale ;*
« 2° Les intérêts majeurs de la politique étrangère, l'exécution des engagements européens et internationaux de la France et la prévention de toute forme d'ingérence étrangère ;
« 3° Les intérêts économiques, industriels et scientifiques majeurs de la France ;
« 4° La prévention du terrorisme ;
« 5° La prévention :
« a) Des atteintes à la forme républicaine des institutions ;
« b) Des actions tendant au maintien ou à la reconstitution de groupements dissous en application de l'article L. 212-1 ;
« c) Des violences collectives de nature à porter gravement atteinte à la paix publique ;
« 6° La prévention de la criminalité et de la délinquance organisées ;
« 7° La prévention de la prolifération des armes de destruction massive» ;

Le conseil a estimé classiquement « qu'en *vertu de l'article 34 de la Constitution, il appartient au législateur de fixer les règles concernant les garanties fondamentales accordées aux citoyens pour l'exercice des libertés publiques ; qu'il incombe au législateur d'assurer la conciliation entre, d'une part, la prévention des atteintes à l'ordre*

public et des infractions, nécessaire à la sauvegarde de droits et de principes de valeur constitutionnelle, et, d'autre part, l'exercice des droits et des libertés constitutionnellement garantis ; qu'au nombre de ces derniers figurent le droit au respect de la vie privée, l'inviolabilité du domicile et le secret des correspondances, protégés par les articles 2 et 4 de la Déclaration des droits de l'homme et du citoyen de 1789 ; »
Il a relevé que « *le recueil de renseignements au moyen des techniques définies au titre V du livre VIII du code de la sécurité intérieure par les services spécialisés de renseignement pour l'exercice de leurs missions respectives relève de la seule police administrative ; qu'il ne peut donc avoir d'autre but que de préserver l'ordre public et de prévenir les infractions ; qu'il ne peut être mis en œuvre pour constater des infractions à la loi pénale, en rassembler les preuves ou en rechercher les auteurs* » ;
Il a précisé aussi que « *les dispositions de l'article L. 811-3 doivent être combinées avec celles de l'article L. 801-1, dans sa rédaction résultant de l'article 1er de la loi déférée, aux termes desquelles la décision de recourir aux techniques de renseignement et les techniques choisies devront être proportionnées à la finalité poursuivie et aux motifs invoqués ; qu'il en résulte que les atteintes au droit au respect de la vie privée doivent être proportionnées à l'objectif poursuivi ; que la commission nationale de contrôle des techniques de renseignement et le Conseil d'État sont chargés de s'assurer du respect de cette exigence de proportionnalité* ».

Je ne vais pas procéder à l'analyse de l'entière décision du conseil, vous savez qu'il en a censuré certaines dispositions concernant notamment les mesures d'urgence dérogatoires en retenant une atteinte disproportionnée à la vie privée et au secret des correspondances.

Ce qui m'a intéressé, pour mon sujet, est la dialectique qui se joue entre les Intérêts fondamentaux de la Nation, défendus par la loi sur le renseignement, et les droits fondamentaux de la personne, invoqués par ses contestataires. J'y reviendrai en fin de propos.

Cela étant, le Conseil constitutionnel n'a pas la réputation d'être un défenseur acharné des droits fondamentaux. Il répète inlassablement qu'il n'est pas le législateur, qu'il n'est pas juge de l'opportunité

d'une loi, et procède classiquement à un contrôle de proportionnalité aboutissant souvent à la sauvegarde du texte qui lui est soumis, au besoin en recourant aux réserves d'interprétation.
C'est moins le cas de la Cour EDH qui adopte un raisonnement très juridique (normal pour une juridiction) au détriment, souvent, de la cohérence politique insuffisamment protégée par les notions de marge d'appréciation des États (principe de subsidiarité), et de la proportionnalité des atteintes à un droit au regard de ce qui apparaît nécessaire dans une société démocratique, fixée à l'article 11 de la CEDH.
On s'aperçoit que la prééminence des grands principes juridiques, tels qu'interprétés par la Cour EDH, tend à déconstruire certains pans de l'architecture politique et juridique des pays membres, sans se soucier de la cohérence préexistante entre les textes nationaux dans l'ordre interne, et de leur esprit global.
C'est le cas par exemple de l'obligation de motivation des arrêts de cour d'assises, mais on peut en discuter naturellement.

Ainsi, on peut constater que les droits fondamentaux contribuent, d'une part, à l'atomisation de la société civile, d'autre part, à l'incohérence de la société politique.
Pour parodier Clausewitz, le droit est désormais la continuation de la politique par d'autres moyens qui échappent aux politiques, sauf à adopter son langage et à adapter en amont le contenu politique aux droits fondamentaux.

Pour autant, il ne vient à l'idée de personne, au moins dans cette salle, de remettre en cause l'existence et la protection des droits fondamentaux.
On peut se contenter de constater les blocages politiques et sociaux comme inhérents aux droits fondamentaux dans une démocratie, qui de toute manière est un régime politique d'insatisfaction et de frustration, comme le relevait déjà Tocqueville.

Nous serions ainsi face à une contradiction performative que Pufendorf avait déjà indirectement entrevue en 1672 :
Comme quiconque oblige à une certaine fin oblige en même temps aux moyens sans quoi on ne saurait l'obtenir, tout ce qui contribue nécessairement à cette sociabilité universelle, doit être tenu pour

prescrit par le droit naturel, et tout ce qui la trouble, au contraire, doit être censé défendu par le même droit ».
Or, on n'est pas loin du constat selon lequel, ce qui trouble cette sociabilité universelle est bien l'exercice des droits naturels qui donc devrait être défendu (« interdit » et non pas « protégé ») par le droit naturel.
C'est assez pessimiste et sujet à de lancinants maux de tête…

C) Une tentative de résolution de la contradiction performative entre défense des droits fondamentaux et protection de la démocratie

J'ai choisi une approche plus optimiste, qui est très personnelle et que je tire d'Hegel et plus précisément de la dialectique, qui est selon lui « le principe de tout mouvement et de toute vie » développé dans sa « Phénoménologie de l'esprit » (1807), mais plus encore dans sa « Science de la logique », qui théorise l'*Aufhebung*.
« *On considère ordinairement la dialectique comme un art extérieur qui produit arbitrairement la confusion de concepts indéterminés et une apparence de contradiction (…) Souvent aussi on ne considère la dialectique que comme une sorte de jeu de bascule d'un raisonnement qui avance et recule, et dont le vide est caché par la subtilité qui est le propre de cette façon de raisonner (…) Il est de la plus haute importance de saisir et d'entendre le principe dialectique. C'est lui qui dans la réalité est le principe de tout mouvement, de toute vie et de toute activité (…) Quant à la présence de la dialectique dans le monde de l'esprit, et plus particulièrement dans le domaine du droit et de la vie sociale, il suffira ici de rappeler comment l'expérience universelle nous apprend qu'un état, une action poussée à sa limite extrême, se change ordinairement en son contraire (…) Mais pas là que la dialectique a pour résultat un terme négatif, celui-ci est en même temps, et cela précisément en tant que résultat, un terme positif, car il contient comme absorbé en lui ce d'où il résulte, et n'est point sans lui* ».

Ainsi, la contradiction simple que j'ai mentionnée tout à l'heure, qui veut que la protection des droits fondamentaux soit à la fois la condition nécessaire d'une démocratie et le germe de son blocage, le ciment de la vie en société et l'un des principaux facteurs de son atomisation, et même la contradiction performative selon laquelle, ce

qui trouble la sociabilité universelle est bien l'exercice des droits naturels qui donc devrait être interdit par le droit naturel, ces deux contradictions peuvent être surmontées par la dialectique hégélienne qu'il nomme « raison positive ».
Les procès, les blocages, les recours au sein d'une société démocratique sont en réalité ce que la vie est à la mort, ce que la fleur est au bouton, voire ce que le rire et aux larmes.
Hegel dit que « *par là que la dialectique a pour résultat un terme négatif* (ce qui pour notre analyse correspondrait aux blocages), *celui-ci est en même temps, et cela précisément en tant que résultat, un terme positif, car il contient comme absorbé par lui ce dont il résulte, et n'est point sans lui* ».
Et pour bien s'assurer de la place de l'individu et des droits fondamentaux au sein de l'État, Hegel expose, dans ses principes de la philosophie du droit (1821), que « *l'État est l'effectivité de la liberté concrète. Face aux sphères du droit privé et du bien-être privé, de la famille et de la société civile, l'État est d'une part une nécessité extérieure, à la nature de laquelle leurs lois, tout comme leurs intérêts, sont subordonnées, et dont ils sont dépendants. Mais d'autre part, il est leur fin immanente et possède sa vigueur dans l'unité ultime universelle et de l'intérêt particulier des individus, dans le fait qu'ils ont des obligations envers lui pour autant qu'ils en ont des droits* ».

Alors certes, l'État auquel fait référence Hegel à l'époque est l'État prussien, qui s'est doté en 1821 d'une constitution monarchique relativement avancée, mais le raisonnement est transposable à notre société actuelle. Même si le balancier entre les droits et les devoirs des individus oscille d'un côté ou de l'autre selon les époques, c'est une sorte de jeu à somme nulle qui tend vers l'équilibre et, donc, vers un fonctionnement satisfaisant des institutions et de la société civile.

Car en fait, tout se tient. Si je reviens un instant sur le projet de loi sur les transports en commun et les mesures annoncées par M. Cazeneuve, une militante antiraciste a estimé que le caractère « aléatoire » des fouilles de bagages ou des palpations de sécurité allait favoriser le contrôle au faciès, donc des comportements discriminatoires. Or précisément c'est pour éviter la perpétuation d'attentats, qui sont eux-mêmes discriminatoires, car fondés, de plus

en plus, sur des motifs de race ou de religion, que ce dispositif est prévu.
De même, « l'esprit du 11 janvier » consacre les valeurs de la République, la protection, entre autres, de la liberté de la presse et de la liberté d'expression, ces mêmes libertés dont la violation était invoquée à l'appui du recours devant le Conseil Constitutionnel à l'encontre de la loi sur le renseignement, qui avait précisément pour objet de prévenir, in fine, des actes terroristes attentatoires à, toujours, ces mêmes libertés. Sans compter la reconnaissance, par l'article 111-1 du code de la sécurité intérieure adopté en 2012, du droit fondamental à la sécurité comme l'une des conditions de l'exercice des libertés individuelles et collectives.

Nous voyons ainsi la dialectique entre les intérêts fondamentaux de la Nation et les droits fondamentaux de la personne humaine. Ce ne peut en aucun cas être constitutif de blocage, seulement d'une conciliation opérée par un juge sur qui repose un poids énorme.

Car, **pour conclure**, l'évolution de notre société fait peser sur le juge le rôle de régulateur social et politique. On lui demande de pacifier les rapports des individus entre eux pour conserver le lien social, et de veiller au respect du droit par le législateur et l'exécutif.
Les blocages peuvent être surmontés si le juge est légitime pour trancher les litiges, vider les contentieux, concilier les parties, contrôler la constitutionnalité des lois.
Et ces blocages se manifestent d'autant plus que la légitimité des juges est remise en question, que ce soit par les politiques qui jalousent leur indépendance et les traitent de pervers psychopathes, ou plus insidieusement par le manque de moyens qui leur est alloué pour travailler.
Un récent sondage publié avant hier montre que plus de 80% des personnes interrogées reprochent à la justice sa lenteur, près des 3/4 son langage hermétique et son inaccessibilité.

En réalité, l'aspect pessimiste de mon propos n'est pas l'ambiguïté de la notion de droit fondamental dans la société civile et politique, ni les blocages qu'elle peut induire, ni les tensions qu'elle suscite vis-à-vis de la notion d'intérêt fondamental de la Nation. Tout cela peut se résoudre dans une dialectique fluide, du moment que l'autorité

juridictionnelle sur laquelle repose cette exigence de fluidité fonctionne correctement.
Mais, la situation actuelle de la justice française ne permet pas cette fluidité, comme c'est le cas en Allemagne, en Espagne, ou en Israël, qui bénéficient tous des systèmes de contrôle de constitutionnalité et de protection des droits fondamentaux très poussés, mais qui se grippent, faute de moyen, et subissent un déficit de confiance et de légitimité, faute de respect de la part du pouvoir politique.

J'en ai quasiment terminé, je passe de Hegel à des considérations bassement matérielles de budget de la justice, mais au terme de mon raisonnement, je pense que là réside la contradiction de nos démocraties occidentales, se définissant avant tout comme État de droit, mais n'en assumant pas le statut.

La réforme du droit des contrats : genèse et traits caractéristiques[102]

par Mathias LATINA

1. La réforme du droit des obligations vient d'être réalisée par le biais d'une ordonnance datée du 10 février 2016 qui entrera en vigueur le 1er octobre 2016, sauf improbable retournement de circonstances[103]. Le Parlement, dans une loi dite de simplification du droit du 16 février 2015[104], avait en effet habilité le gouvernement à réformer par ordonnance l'actuel Titre 3 du livre III du Code civil, intitulé « du contrat ou des obligations conventionnelles en général ». Ce dernier pourra toutefois, lors de l'examen du projet de loi de ratification, apporter des modifications au texte de l'ordonnance. À l'heure où ces lignes sont écrites, le processus de réforme n'était donc pas définitivement achevé. Toujours est-il que cette réforme est absolument majeure.

2. Elle s'attaque à un monument juridique, dernier ilot de stabilité[105], d'aucuns diraient d'immobilisme, au sein d'un Code civil qui a été modifié par pans entiers depuis la deuxième moitié du 20e siècle : la famille (divorce[106], filiation[107]), le droit des personnes[108], les

---

[102] Le présent texte est issu des doctoriales qui se sont tenues à Nice et a bénéficié de la mise à jour réalisée lors d'une conférence prononcée à Toulon en mars 2016 à l'occasion d'une journée d'études qui sera publiée par Les Editions Ovadia.

[103] À l'heure où ces lignes sont écrites, le gouvernement n'avait pas encore effectué le dépôt du projet de loi de ratification qui doit intervenir dans les six mois de la publication de l'ordonnance, à peine de caducité.

[104] Loi n° 2015-177 du 16 février 2015 relative à la modernisation et à la simplification du droit et des procédures dans les domaines de la justice et des affaires intérieures, art. 8.

[105] Le droit des biens n'a pas non plus fait l'objet de réforme majeure. En 2008, l'association Henri Capitant a rendu public un avant-projet de réforme du droit des biens dont le législateur ne s'est pas saisi.

[106] Loi n° 75-617 du 11 juillet 1975 portant réforme du divorce ; Loi n° 2004-439 du 26 mai 2004 relative au divorce.

[107] Ordonnance n° 2005-759 du 4 juillet 2005 portant réforme de la filiation.

[108] Loi n° 2007-308 du 5 mars 2007 portant réforme de la protection juridique des majeurs.

successions[109], les sûretés[110], la prescription[111] ont tour à tour été réformés. Les textes relatifs au droit des obligations n'avaient, au contraire, pas été retouchés depuis leur adoption dans le Code Napoléon, en 1804. Seuls quelques ajouts, sous l'impulsion de l'Union européenne[112], avaient pu être faits pour tenir compte de la passation de contrats sous forme électronique[113], ou pour harmoniser la responsabilité du fait des produits défectueux[114].

3. Pourquoi le droit des obligations a-t-il connu une telle longévité ? Les raisons sont multiples. D'abord, et d'un point de vue purement politique, il n'y avait aucun gain à attendre d'une réforme du droit des obligations. Les citoyens ne se soucient guère de cette réforme, essentiellement technique. Il faut donc mettre au crédit du gouvernement d'avoir eu la volonté politique de moderniser les textes relatifs au droit des obligations, en dépit de l'absence d'avantage immédiat, en termes électoralistes, qu'il pouvait en retirer. Ensuite, parce que les représentants des entreprises n'ont jamais été particulièrement favorables à une réforme. Même si celle-ci ne révolutionne pas la matière, elle va nécessairement créer une période d'incertitude. L'incertitude ayant un coût, les milieux d'affaires ont eu tendance à se montrer conservateurs et à plaider pour le maintien du *statu quo*. Enfin, et cette raison est liée à la deuxième, notre droit des

---

[109] Loi n° 2001-1135 du 3 décembre 2001 relative aux droits du conjoint survivant et des enfants adultérins et modernisant diverses dispositions de droit successoral ; Loi n° 2006-728 du 23 juin 2006 portant réforme des successions et des libéralités.

[110] Ordonnance n° 2006-346 du 23 mars 2006 relative aux sûretés.

[111] Loi n° 2008-561 du 17 juin 2008 portant réforme de la prescription en matière civile.

[112] Dir. 85/374/CEE du 25 juillet 1985, relative au rapprochement des dispositions législatives, réglementaires et administratives des États membres en matière de responsabilité du fait des produits défectueux ; Dir. CE 1999-93 du 13 déc. 1999 sur un cadre communautaire pour les signatures électroniques ; Dir. CE 2000-31 du 8 juin 2000 sur le commerce électronique, transposée par la loi n° 2004-575 du 21 juin 2004 et par l'ordonnance n° 2005-674 du 16 juin 2005.

[113] Loi n° 2000-230 du 13 mars 2000 portant adaptation du droit de la preuve aux technologies de l'information et relative à la signature électronique ; Loi n° 2004-575 du 21 juin 2004 pour la confiance dans l'économie numérique ; Ordonnance n° 2005-674 du 16 juin 2005 relative à l'accomplissement de certaines formalités contractuelles par voie électronique. V. C. civ., anc. art. 1108-1 et 1108-2 ; 1316 s. et 1369-1 s.

[114] Loi n° 98-389 du 19 mai 1998 relative à la responsabilité du fait des produits défectueux. V. C. civ. anc. art. 1386-1 s. et C. civ., art. 1245 s.

contrats n'était pas mauvais ; il n'était en rien obsolète. La jurisprudence avait en effet effectué un remarquable travail d'interprétation, voire de création, afin d'adapter un droit des obligations, pensé pour la France de 1804, aux réalités contemporaines. L'immobilisme de la lettre des textes contrastait pourtant avec l'évolution que le droit des obligations avait pu connaître.

4. Dans ces conditions pourquoi réformer ? Précisément parce que les articles du Code civil relatif au droit des obligations étaient obsolètes. Quel comble pour un pays de tradition écrite que d'avoir des textes qui ne reflétaient plus que très imparfaitement l'état du droit positif ! En droit des obligations, les praticiens ne portaient d'ailleurs plus qu'une attention distraite aux textes eux-mêmes, accaparés qu'ils étaient par la recherche de la jurisprudence qui était susceptible d'en révéler le sens. Les exemples de discordance entre la lettre d'un texte et le contenu d'une règle étaient multiples :

- Les quelques articles sur la cause[115] ne disaient rien de son caractère dualiste et pouvaient laisser croire que cette notion n'était que secondaire alors que ses développements jurisprudentiels n'étaient rien moins que tentaculaires. La règle fondamentale, fondée sur la cause, en vertu de laquelle une clause qui prive de sa substance une obligation essentielle doit être réputée non écrite ne figurait ainsi pas dans le Code civil[116].

- Les dispositions relatives à la nullité du contrat[117] semblaient faire de la distinction entre nullité de plein droit et nullité facultative la *summa divisio* de la matière. Pourtant, cette distinction n'était que secondaire, et c'est l'opposition entre nullité relative et nullité absolue, sur laquelle le Code était silencieux, qui était capitale.

- La résolution pour inexécution était toujours enchâssée dans les dispositions relatives à la condition résolutoire[118] alors que la doctrine s'accordait pour dire qu'il n'y avait aucun rapport entre ces

---

[115] C. civ., anc. art. 1108 et 1131 s.

[116] Com. 22 oct. 1996, n° 93-18.632, *D.* 1997, p. 121, note A. Sériaux ; *D.* 1997, Chron., p. 145, note Ch. Larroumet ; *D. Affaires* 1997, p. 235, obs. Ph. Delebecque ; *JCP* 1997, II, 22881, obs. Cohen ; *JCP* 1997, I, 4002, n° 1, obs. M. Fabre-Magnan ; *JCP* 1997, I, 4025, n° 177, obs. G. Viney ; *Defrénois* 1997, p. 333, obs. D. Mazeaud ; *RTD civ.* 1997, p. 418, obs. J. Mestre.

[117] C. civ., anc. art. 1117, 1304 et 1338 s.

[118] C. civ., anc. art. 1184.

notions. En outre, le Code civil semblait exclure toute autre mode de résolution que conventionnel ou judiciaire, alors que la jurisprudence avait reconnu au créancier la faculté de résoudre unilatéralement le contrat dans certaines conditions[119].

- Enfin, mais sans souci d'exhaustivité, les questions fondamentales relatives à la négociation, à la rencontre de l'offre et de l'acceptation, à la date de formation des contrats à distance, à la force obligatoire des avant-contrats ou à l'imprévision, étaient passées sous silence dans le Code civil. C'est, une nouvelle fois, la jurisprudence qui devait être consultée pour connaître l'état du droit positif sur tous ces points.

5. Quant à la structure d'exposition des règles du droit des obligations, et du droit commun des contrats en particulier, elle a toujours laissé à désirer. C'est d'ailleurs un des principaux reproches que l'on pouvait adresser aux rédacteurs du Code civil de 1804. Ils avaient notamment confondu la source, le contrat, avec un de ses effets, l'obligation, comme en attestait l'intitulé du Titre 3 du Livre III du Code civil : « du contrat **ou** des obligations conventionnelles en général ». Il y avait donc un problème majeur d'accessibilité et d'intelligibilité du droit des obligations.

6. Par ailleurs, si notre droit positif était globalement satisfaisant, il était loin d'être parfait. Il était affecté du vice inhérent à toute construction jurisprudentielle : l'inachèvement. La Cour de cassation ne peut en effet répondre qu'aux questions qu'on lui pose ; elle n'est pas dotée des moyens institutionnels lui permettant de créer des régimes complets. Elle avait donc pu, par exemple, consacrer le principe de la résolution unilatérale, mais elle n'avait pas eu l'opportunité de se prononcer sur la procédure devant être suivie par le créancier pour mettre en œuvre cette résolution. En outre, certaines solutions jurisprudentielles pouvaient sembler contestables, comme le fait de ne sanctionner la rétractation du promettant, dans une promesse unilatérale de contrat, que par des dommages-intérêts[120], ou le refus de

---

[119] Civ. 1re, 13 oct. 1998, *Bull. civ.* I, n° 300, *D.* 1999, p. 198 note Ch. Jamin ; *D.* 1999, *somm. comm.*, p. 115 obs. Ph. Delebecque ; *Defrénois* 1999, p.374 obs. D. Mazeaud.

[120] Civ. 3e, 15 déc. 1993, *JCP éd. N*, 1995, II, p. 31 obs. D. Mazeaud ; *Defrénois* 1994, art. 35845, n° 61 obs. P. Delebecque ; *D.* 1994, *som. com.*, p. 230 note O. Tournafond.

révision judiciaire du contrat pour imprévision[121], encore que, si un consensus doctrinal se dégageait sur le premier problème, ce n'était pas le cas sur le second, d'où les hésitations du législateur en matière d'imprévision.

7. Cette réforme était donc attendue, sinon par les milieux d'affaires, au moins par la communauté juridique. Il n'en reste pas moins qu'elle a longtemps fait preuve d'arlésienne. Il apparaît donc nécessaire d'en retracer la genèse (**I**), avant d'en identifier les principaux traits (**II**).

I La genèse de la réforme du droit des obligations

8. L'impulsion de la réforme actuelle du droit des obligations est d'origine européenne. Les velléités de la commission européenne de parvenir à une harmonisation, voire à une unification du droit des contrats en Europe, ont suscité une certaine crainte au sein de la doctrine française. Celle-ci, répondant à l'appel lancé par le président Jacques Chirac en 2004[122], a donc élaboré deux avant-projets doctrinaux qui ont servi de sources d'inspiration au législateur français. En somme, l'impulsion de la réforme est, à la fois, européenne (**A**) et doctrinale (**B**).

A) L'impulsion européenne

9. L'Union européenne s'est très tôt intéressée au droit des contrats. Pour la commission européenne, le contrat étant le vecteur des échanges économiques, les disparités des législations contractuelles européennes apparaissaient comme des freins aux échanges intra-communautaires.

10. Dans un premier temps, et à partir des directives de 1985 sur les produits défectueux[123] et les contrats hors établissement[124], l'Union

---

[121] Civ., 6 mars 1876, « Canal de Craponne », *D.* 1976, 1, p. 193 ; H. Capitant, F. Terré, Y. Lequette, *Les grands arrêts de la jurisprudence civile*, t. 2, 11ème éd., Dalloz, n° 163.

[122] Au cours du Colloque organisé à la Sorbonne à l'occasion du bicentenaire du Code civil.

[123] Dir. Cons. 85/374/CEE du 25 juillet 1985.

[124] Dir. Cons. 85/577/CEE du 20 décembre 1985 remplacée par Dir. PE et cons. 2011/83/UE.

européenne a décidé de légiférer de manière sectorielle. Elle s'est donc intéressée à certains aspects de la relation contractuelle et, plus précisément, à certains aspects des relations contractuelles passées entre consommateurs et professionnels. L'Union européenne est donc intervenue par directives, pêle-mêle, en matière de vente à distance[125], de contrats électroniques[126], de garantie dans la vente[127], de voyages, vacances et circuits à forfaits[128], de *timeshare*[129], de crédit à la consommation,[130] etc. La commission a toutefois manifesté une certaine déception quant à l'impact pratique de ces interventions sectorielles, le nombre d'échanges intra-communautaires n'ayant pas sensiblement augmenté et les disparités de législations n'ayant pas significativement diminué. L'harmonisation minimale, qui permettait aux législateurs internes d'adopter des dispositions plus protectrices du consommateur, a alors cédé sa place à l'harmonisation totale, interdisant aux États membres d'adopter ou de maintenir, dans le champ de la directive, des dispositions autres que celles prévues[131]. Un temps, la commission européenne a même envisagé de combiner la technique de l'harmonisation totale par directive avec une approche horizontale du droit des contrats de consommation. Dans un livre vert de 2007[132], elle avait ainsi proposé de réformer et de refondre pas moins de huit directives[133]. Mais, face à la vive opposition des États membres, l'Union européenne a revu ses ambitions à la baisse, ce qui a abouti à l'adoption de la directive du 25 octobre 2011 relative aux

[125] Dir. PE et Cons. 97/7/CE du 20 mai 1997 remplacée par Dir. PE et cons. 2011/83/UE.
[126] Dir. CE 1999-93 du 13 déc. 1999 sur un cadre communautaire pour les signatures électroniques ; Dir. CE 2000-31 du 8 juin 2000 sur le commerce électronique.
[127] Dir. PE et Cons. 99/44/CE du 25 mai 1999.
[128] Dir. Cons. 90/314/CEE du 13 juin 1990.
[129] Dir. PE et Cons. 94/47/CE, remplacée par Dir. PE et Cons. 2008/122/CE du 14 janv. 2009.
[130] Dir. Cons. 87/102/CEE du 22 décembre 1986, remplacée par Dir. PE et Cons. 2008/44/CE du 23 avril 2008.
[131] Les directives de 2005 et 2008 relatives, respectivement, aux pratiques commerciales déloyales (Dir. PE et Cons. 2005/29/CE du 25 mai 2005), et aux contrats de crédit à la consommation (Dir. PE et Cons. 2008/44/CE du 23 avril 2008) ont par exemple été déclarées d'harmonisation totale.
[132] Livre vert sur la révision de l'acquis communautaire en matière de protection du consommateur, COM (2006) 744 final.
[133] Sur cette question, v. M. Latina, « Contrat : généralités », *in Rép. civ.* Dalloz, spéc. n° 38.

droits des consommateurs[134], directive modifiant celles de 85 et de 95 relatives au démarchage et à la vente à distance.

11. Il faut dire que, parallèlement à l'harmonisation par directive, l'Union européenne n'avait pas abandonné l'idée d'uniformiser le droit commun des contrats. La commission européenne, après que le souhait en ait été émis par le Parlement européen[135], avait en effet marqué sa volonté de parvenir à une unification du droit commun des contrats sur tous les territoires des États membres. Autrement dit, parallèlement à l'harmonisation sectorielle du droit des contrats de consommation, la commission européenne avait caressé l'espoir d'une uniformisation à grande échelle du droit commun des contrats[136]. Toutefois, les doutes relatifs à la compétence de l'Union européenne en la matière[137] et les réticences des États membres ont progressivement amené la commission européenne à abandonner cette voie. Des ambitions relatives à l'unification du droit commun des contrats en Europe, il ne reste plus aujourd'hui qu'une proposition de règlement relatif à un droit commun européen de la vente, datée du 11 octobre 2011[138] qui, aux dernières nouvelles, devait être revue afin

---

[134] Dir. PE et cons. 2011/83/UE.

[135] Résolution A2-157/89, JO C 158 du 26 juin 1989, p. 400 ; Résolution A3-0329/94, JO C 205 du 25 juillet 1994, p. 518

[136] N. Sauphanor-Brouillaud, *Les contrats de consommation : règles communes*, LDGJ, 2012, spéc. n° 40 s.

[137] V. Heuzé, « De la compétence de la loi du pays d'origine en matière contractuelle ou l'anti-droit européen », *in Mélanges P. Lagarde*, Dalloz, 2005, p. 393 s. ; B. Fauvarque-Cosson, « La compétence de la communauté européenne pour harmoniser le droit des contrats », *RDC* 2005, p. 1215.

[138] *Proposition de règlement relatif à un droit commun européen de la vente*, COM(2011) 635 final ; C. Aubert de Vincelles, « Premier regard sur la proposition d'un droit commun européen de la vente », *JCP G* 2011, 1376 ; « Naissance d'un droit commun européen de la vente et des contrats », *RDC* 2012, p. 457 ; B. Fauvarque-Cosson, « Vers un droit commun européen de la vente », *D.* 2012, p. 34 ; V. Heuzé, « Le technocrate et l'imbécile. Essai d'explication du droit européen de la vente », *JCP G* 2012, doctr. 750 ; P. Puig, « L'avènement des sources optionnelles de droit », *RTD civ.* 2012, p. 493 ; A.-S. Choné-Grimaldi, « La proposition de règlement relatif à un droit commun européen de la vente », *Contrats, Conc. consom.* 2012, n° 4, p. 5 ; M. Latina, « Les derniers développements du droit européen des contrats », *RDC* 2012, n° 1, p. 299 ; G. Paisant, « La proposition d'un droit commun de la vente ou l'espéranto contractuel de la Commission européenne », *JCP G* 2012, doctr. 560 ; D. Porcheron, « La proposition de règlement relatif à un droit commun européen de la vente : un pas décisif vers

que son champ d'application soit limité au commerce électronique. Il n'en reste pas moins que la doctrine française, au tournant des années 2000, s'était émue de la perspective d'une unification du droit commun des contrats, et ce d'autant que les modèles européens d'harmonisation, comme les Principes du droit européen des contrats, s'éloignaient sensiblement de la tradition contractuelle française.

12. Les travaux menés à l'échelon européen ont en effet révélé, de manière criante, la perte d'influence du droit français des contrats. L'obsolescence, sinon du droit contractuel français, au moins des textes du Code civil empêchait la France de peser dans les discussions, surtout face à l'Allemagne, dont le Code, plus jeune (1900), avait été réformé dans sa partie relative au droit des obligations en 2003. L'ancienneté de nos textes, et le décalage entre ces derniers et le droit positif ne permettaient donc plus au Code civil de remplir sa fonction de modèle. La crainte était donc vive qu'un texte européen, d'inspiration essentiellement allemande, voit le jour et nous soit imposé par l'Union européenne. Certes, cette crainte ne s'est pas matérialisée, mais elle a eu le mérite de faire réagir la doctrine. Il devenait urgent que le droit français des contrats soit réformé, afin que la France puisse s'appuyer sur un texte moderne dans les discussions menées à l'échelon européen.

13. Reste que si la matière inflammable de la réforme avait été fournie par l'Union européenne, l'étincelle est venue des pouvoirs publics et, en particulier, du président Jacques Chirac. Ce dernier, au cours d'un colloque organisé à la Sorbonne à l'occasion du bicentenaire du Code civil en 2004, a appelé de ses vœux une réforme du droit des obligations. La doctrine a alors répondu à cet appel en rédigeant des avant-projets.

B) Les avant-projets doctrinaux

14. Deux offres de réforme doctrinales ont successivement vu le jour. La première, à l'initiative des Professeurs Pierre Catala et Geneviève Viney, a abouti à l'« Avant-projet de réforme du droit des obligations et de la prescription », remis officiellement au garde des Sceaux le

---

l'élaboration d'un droit européen des contrats ? », *Revue Lamy droit des affaires* 1er nov. 2011, n° 65, p. 54.

22 septembre 2005[139]. Cet avant-projet proposait une réforme complète du droit commun des contrats, de la responsabilité civile, du régime général de l'obligation et de la prescription. La seconde offre, dirigée par le Professeur François Terré, sous l'égide de l'Académie des Sciences morales et politiques, a été publiée dans plusieurs ouvrages successifs proposant respectivement de réformer le droit des contrats[140], la responsabilité civile[141] et, enfin, le régime général de l'obligation[142].

15. Ces deux avant-projets reposaient sur des partis pris radicalement opposés. L'avant-projet Catala était de facture classique. Deux éléments témoignent de ce classicisme. D'abord, le rôle du juge en matière contractuelle, conformément à la tradition française, restait modeste. Les rédacteurs de cet avant-projet n'avaient même pas réaffirmé le pouvoir du juge d'indemniser le débiteur, ou de résilier le contrat, en cas de fixation abusive du prix par le créancier dans les contrats-cadre à exécution successive[143]. Ensuite, l'avant-projet Catala avait pris soin de reprendre la notion de cause en consacrant l'analyse dualiste qui s'était imposée depuis le milieu de 20e siècle[144]. L'idée de cet avant-projet était que, pour servir de modèle, le droit français des contrats devait, avant tout, rester ferme sur ses bases.

16. Au contraire, les rédacteurs des avant-projets Terré avaient considéré que, pour servir de modèle, le droit français des contrats devait faire le premier pas en rapprochant son vocabulaire et son mode de fonctionnement des standards européens, tels qu'ils avaient émergé des codifications privées européennes, comme les Principes du droit européen du contrat ou le Projet de cadre commun de référence. L'influence de ces codifications sur cet avant-projet était donc nette. Par exemple, il proposait que le juge puisse réviser le contrat en cas d'imprévision[145] ou de déséquilibre provoqué par un abus de

---

[139] Disponible en ligne, notamment sur le site de l'association Henri Capitant.
[140] F. Terré (dir.), *Pour une réforme du droit des contrats*, Dalloz, 2008.
[141] F. Terré (dir.), *Pour une réforme du droit de la responsabilité civile*, Dalloz, 2011.
[142] F. Terré, (dir.), *Pour une réforme du régime général des obligations*, Dalloz, 2013.
[143] Avant-projet Catala, art. 1121-4.
[144] Avant-projet Catala, art. 1124 s.
[145] Avant-projet Terré relatif au contrat, art. 92.

faiblesse[146] ; les pouvoirs du juge étaient donc considérablement augmentés. En outre, la notion de cause disparaissait en tant que telle, même si ses principales fonctions, traditionnelles et contemporaines, étaient maintenues dans la subdivision consacrée au contenu du contrat[147].

17. La mécanique gouvernementale s'est alors mis en branle, la Chancellerie ayant initialement décidé de diviser la réforme du droit des obligations en trois parties : d'abord la réforme du droit commun des contrats, ensuite la réforme de la responsabilité civile, enfin la réforme du régime général de l'obligation. Finalement, ce plan n'a pas été suivi. Le projet de réforme du droit commun des contrats a connu pas moins de trois versions (2008, 2009, 2013), contre une seule pour celui relatif au régime général de l'obligation (2011). Quant à la réforme de la responsabilité civile, elle a été lancée le 29 avril 2016, sachant qu'elle devrait, cette fois, être examinée par le Parlement. L'ordonnance portant réforme du droit des contrats, du régime général et de la preuve des obligations compile ainsi les avant-projets relatifs au droit des contrats et au régime général de l'obligation. Ses rédacteurs se sont manifestement inspirés des deux offres doctrinales, le législateur ayant pioché dans celles-ci pour composer sa réforme. Cette « méthode » n'a pas favorisé l'émergence d'une « philosophie » générale du texte. À n'en pas douter, il manque à cette réforme une ligne claire, si ce n'est un « souffle ». Il reste toutefois à tenter d'identifier ses grands traits.

II Les grands traits de la réforme

18. Dans son ensemble, la réforme s'attache à codifier le droit positif en mettant les articles du Code civil à jour des évolutions jurisprudentielles. Les textes sont donc tantôt clarifiés, tantôt modifiés pour tenir compte des évolutions subies par le droit des obligations depuis la promulgation du Code napoléon. Il ne faut toutefois pas considérer que cette codification est, au sens propre, à droit constant. Une codification à droit constant consiste en effet à regrouper, dans un ordre cohérent, des textes épars, sans changer leurs lettres. Or, la réforme en question s'attache à reprendre des règles jurisprudentielles.

---

146 Avant-projet Terré relatif au contrat, art. 66.
147 Avant-projet Terré relatif au contrat, art. 61 s.

On aurait donc tort de penser que le droit positif n'en sera pas affecté. En effet, le législateur a dû formuler certains principes qui n'étaient, en jurisprudence, qu'implicites ou qui faisaient l'objet de variations terminologiques. Les choix qui ont été effectués ne sont donc pas neutres, et les nouveaux textes vont, une fois entrés en vigueur, vivre de leur vie propre, et faire l'objet de nouvelles interprétations. En outre, le législateur a parfois innové en créant de nouvelles règles ou de nouveaux mécanismes.

19. Quant à la structure du Code, dont on a vu qu'elle laissait à désirer, elle est profondément revue. Le titre 3 du livre III, dans sa nouvelle version, est intitulé « des sources d'obligations », et est subdivisé en trois sous-titres : le contrat, la responsabilité extra-contractuelle, et les autres sources d'obligation. Il est suivi d'un titre 4, consacré au régime général des obligations, et d'un titre 4 bis relatif à la preuve. Dans cet ensemble, seuls les textes relatifs aux dommages-intérêts contractuels[148] et à la responsabilité extra-contractuelle[149] font l'objet d'une reprise à droit constant, leur modification substantielle étant annoncée par l'avant-projet de réforme de la responsabilité civile mis en ligne par la Chancellerie.

20. Identifier l'ensemble des clarifications, des modifications et des innovations apportées au droit des obligations dépasserait le cadre de cette intervention. C'est la raison pour laquelle seules certaines clarifications (**A**), modifications (**B**), et innovations (**C**) apportées au droit des contrats[150] seront abordées.

A) Clarifications

21. Les clarifications sont nombreuses et variées puisque l'objectif de la réforme est précisément de mettre en concordance les textes avec le droit positif. On peut toutefois prendre deux exemples qui ont trait à la conclusion du contrat et à la théorie de la nullité.

[148] Art. 1231 s. du Code civil.
[149] Art. 1240 s. du Code civil.
[150] À l'exclusion du régime général des obligations et de la preuve.

22. D'abord, si la sous-section relative à « l'offre et l'acceptation » proposée par la réforme est, en elle-même, une nouveauté, elle emporte essentiellement des clarifications. Une telle subdivision faisait cruellement défaut dans le Code civil. D'un point de vue théorique, le silence du Code civil sur le cœur même de la procédure contractuelle, à savoir l'accord de volontés, était dommageable. Les rédacteurs du Code Napoléon avaient en effet ignoré la phase de conception du contrat, pour ne s'intéresser à ce dernier qu'une fois formé. Certes, les vices du consentement pouvaient permettre, rétrospectivement, d'effectuer un contrôle de la période précontractuelle, en sanctionnant les erreurs, ou pire, les manœuvres et la violence qui avaient pu conduire à la formation du contrat. Reste que la phase de rencontre des volontés est longtemps restée dans le « non-dit », sinon dans le « non-droit ». Doctrine et jurisprudence ont en effet œuvré pour donner des solutions aux problèmes concrets que l'absence de règlementation avait pu faire naître. Où l'on voit la puissance créatrice de la doctrine et de la jurisprudence. L'absence de disposition dans le Code a toutefois favorisé les controverses doctrinales, et la rançon du droit jurisprudentiel a été payée en incertitudes. La réforme vient ainsi clarifier la matière en précisant, par exemple, que toute offre, quelle qu'elle soit, doit être maintenue dans le délai fixé par l'offrant ou dans un délai raisonnable, dès lors qu'elle est parvenue à la connaissance de son destinataire[151]. Elle ajoute que la violation de cette obligation de maintien ne peut être sanctionnée que par des dommages et intérêts, sans jamais pouvoir entraîner la formation du contrat[152]. Quant à la date de formation du contrat à distance, l'article 1121 du Code civil la fixe au moment où l'acceptation du destinataire parvient à l'offrant, clarifiant une jurisprudence confuse qui semblait hésiter entre théorie de l'émission et de l'acceptation[153].

23. Ensuite, s'il est une matière qui méritait une clarification, c'était bien celle de la nullité. Dans le Code civil, les dispositions relatives à la nullité étaient très largement insuffisantes. Il existait bien une section 7, dans le chapitre relatif à « l'extinction des obligations », consacrée à « l'action en nullité ou en rescision des conventions ».

---

[151] C. civ. art. 1115 et 1116.

[152] C. civ., art. 1116, al. 3.

[153] Comp. Com. 7 janv. 1981, n° 79-13499 avec Civ. 3e, 17 sept. 2014, n° 13-21.824.

Toutefois, sur les onze articles de cette section, seul l'ancien article 1304, qui traitait du délai de prescription de l'action en nullité, pouvait être considéré comme général, les dix autres articles traitant moins de la nullité que de la capacité de contracter. Lacunaires, les dispositions consacrées à la nullité étaient également éclatées, puisqu'il fallait aussi se référer à l'ancien article 1117 du Code civil, consacré à la nullité pour vice du consentement, et aux anciens articles 1338 à 1340 relatifs à la confirmation, étrangement étudiée au titre de la preuve littérale. Surtout, ces dispositions éparses et lacunaires ne donnaient qu'une vision erronée de ce qu'était devenue la nullité sous l'impulsion de la jurisprudence et de la doctrine. Le Code civil, en distinguant les nullités de « plein droit », de celles soumises à une « action » reproduisait la vieille distinction entre les « actes nuls » et les « actes simplement annulables », sur la base de laquelle la théorie dite « classique » des nullités avait pu être découverte. Cette théorie, qui obscurcissait la distinction entre inexistence et nullité, avait été remplacée en doctrine et en jurisprudence par une théorie dite « moderne », qui ne distinguait plus entre nullité relative et absolue en fonction de la gravité du vice qui affecte le contrat, mais en fonction de l'objectif poursuivi par la règle violée. Le Code civil réformé reprend donc la distinction entre nullité absolue et relative et consacre le critère dit « moderne » de distinction entre ces deux nullités qui prescrit d'avoir égard à l'intérêt privé ou général sauvegardé par la règle violée[154]. Si la règle violée a pour seul but de protéger un intérêt privé, la nullité est relative, tandis qu'elle est absolue si la règle violée est destinée à préserver l'intérêt général. Dans le même ordre d'idées, la théorie de la nullité partielle, créée par la jurisprudence sur la base des articles 900 et 1172 du Code civil, reçoit une consécration explicite dans l'article 1184 du Code civil, tandis que les dispositions relatives à la confirmation sont rapatriées de la preuve vers la formation du contrat. Ces exemples de clarifications ne doivent pas masquer l'existence de véritables modifications.

B) Modifications

24. Les modifications sont plus nombreuses qu'il n'y parait. Elles se mêlent parfois subrepticement aux clarifications. On peut, par exemple, évoquer une modification qui affecte le régime de l'offre.

[154] V. C. civ., art. 1179 C. civ.

L'article 1117, alinéa 2 du Code civil prévoit en effet que le décès de l'offrant entraîne la caducité de l'offre, sans distinguer selon la nature de l'offre[155]. Il s'agit donc d'une modification du droit positif puisque la Cour de cassation estimait que l'offre faite à personne déterminée survivait à l'offrant jusqu'à l'expiration du délai exprès accordé au destinataire[156]. Trois exemples emblématiques de ces modifications peuvent, par ailleurs, être mis en évidence. Le premier concerne la disparition de la notion de cause ; le deuxième est relatif à la modification des pouvoirs du juge en cas d'imprévision ; le troisième a trait à la révocation de la promesse unilatérale de contrat.

25. À première vue, il pourrait paraître incongru de classer la disparition de la cause dans les modifications. Ne s'agit-il pas d'une véritable innovation qui bouleverse notre conception du contrat ? En vérité, il est difficile d'anticiper l'impact concret de cette disparition. Le législateur a en effet suivi la proposition de l'avant-projet Terré[157]. Si la notion de cause, en tant que « concept cadre » disparaît, ses fonctions lui survivent. Le but du contrat, traduction de la cause du contrat, devra toujours être licite[158], tandis que l'erreur sur le motif pourra encore entraîner la nullité de la libéralité[159]. Quant à la cause de l'obligation, elle se retrouve dans la « contrepartie convenue » qui, si elle se révèle *ab initio* illusoire ou dérisoire, provoquera la nullité du contrat conclu à titre onéreux[160]. On reconnaît également une des fonctions de la cause dans l'article 1170 du Code civil qui énonce que « toute clause qui prive de sa substance l'obligation essentielle du débiteur est réputée non écrite ». La

---

[155] C. civ., art. 1117 : « L'offre est caduque à l'expiration du délai fixé par son auteur ou, à défaut, à l'issue d'un délai raisonnable.
« Elle l'est également en cas d'incapacité ou de décès de son auteur. »
[156] Civ. 3e, 10 déc. 1997, n° 95-16461 ; *D.* 1999, somm. 9, obs. Ph. Brun ; *Defrénois* 1998, p. 336, obs. D. Mazeaud ; Civ. 1re, 25 juin 2014, *LEDC* 2014, n° 8, p. 1 obs. M. Latina ; *D.* 2014, p. 1574 note A. Tadros ; *ibid.* 2014, p. 1715, chron. I. Guyon-Renard; *ibid.* 2015, Pan. P. 529 obs. S. Amrani-Mekki; *AJ fam.* 2014, p. 509, obs. Ch. Vernières ; *JCP* 2014, n° 960, note J. Antippas ; *Defrénois* 2014, p. 1019 note J.-S. Seube ; *RDC* 2014, p. 601 note Y.-M. Laithier ; *ibid.* 2015, p. 33, note R. Libchaber ; *CCC* 2014, n° 211, note L. Leveneur.
[157] Avant-projet Terré relatif au contrat, Art. 61.
[158] C. civ., art. 1162.
[159] C. civ., art. 1135, a. 2.
[160] C. civ., art. 1169.

jurisprudence Chronopost[161] est donc consacrée. On s'étonne toutefois de ne pas retrouver l'équivalent de la fausse cause partielle qui permettait, dans les contrats unilatéraux, de réduire l'engagement du débiteur à son montant réel[162]. Finalement, quelle sera l'attitude des juges ? Relieront-ils les pointillés pour faire émerger à nouveau la notion de cause ? C'est peu probable, mais pas complètement inenvisageable ; au-delà des mots, notre droit des contrats restera en effet causaliste.

26. En outre, l'article 1195 du Code civil modifie le pouvoir du juge en matière d'imprévision. Nul n'ignore que, sous l'empire de l'ancienne version du Code civil, la Cour de cassation avait toujours refusé de reconnaître aux juges du fond le pouvoir de modifier le contrat dont l'économie avait été bouleversée par la survenance d'un événement imprévisible. Certes, les hauts magistrats avaient pu condamner le contractant qui avait bénéficié du déséquilibre au paiement de dommages et intérêts, sur le fondement de la bonne foi de l'ancien article 1134, alinéa 3, du Code civil, s'il s'était refusé à renégocier[163]. Toujours est-il que, sauf accord des parties, le juge ne pouvait intervenir directement sur la norme contractuelle pour la modifier. Or, dans l'ordonnance du 10 février 2016, le législateur, après avoir hésité[164], a permis à la victime des circonstances de demander au juge de réviser ou de résilier le contrat dont l'exécution serait devenue « excessivement onéreuse ». La jurisprudence du *canal de Craponne* est donc brisée[165]. On peut toutefois s'interroger sur la

---

[161] V. *supra*.

[162] Civ. 1re 11 mars 2003, *JCP* 2003, I, 142 obs. J. Rochfeld ; *RTD civ.* 2003, p. 287 obs. J. Mestre et B. Fages ; *RDC* 2003. 39, obs. D. Mazeaud. Mais non dans les contrats synallagmatiques : Civ. 1re 31 mai 2007, *D.* 2007, p. 2774 note J. Ghestin ; *D.* 2007, p. 2966 obs. S. Amrani-Mekki ; *RDC* 2007, p.1103 obs. Y.-M. Laithier.

[163] Com., 3 nov. 1992, n° 90-18547, *Bull. civ.* IV, n° 338, « *Huard* » ; *Defrénois* 1993, p. 1337, obs. J.-L. Aubert ; *JCP* 1993, II, 22164, obs. G. Virassamy; *RTD civ.* 1993, obs. J. Mestre) ; Com., 24 nov. 1998 « *Chevassus-Marche* », n° 96-18357, *Bull. civ.* IV, n° 277, *CCC.* 1999, comm. n° 56, M. Malaurie-Vignal ; *Defrénois* 1999, p. 371, obs. D. Mazeaud ; *JCP* 1999, I, 143, obs. C. Jamin ; *RTD civ.* 1999, p. 98, obs. J. Mestre ; *RTD civ.* 1999, p. 646, obs. P.-Y. Gautier

[164] Ce pouvoir n'était pas reconnu au juge dans le projet d'ordonnance rendu public en février 2015.

[165] Civ., 6 mars 1876, *Canal de Craponne*, *D.* 1876, 1, p. 193 ; H. Capitant, F. Terré, Y. Lequette, *Les grands arrêts de la jurisprudence civile*, t. 2, 11e éd., Dalloz, n° 163.

cohérence des textes de l'ordonnance. Pourquoi avoir autorisé le juge à modifier le contrat en cas d'imprévision, et ne pas lui avoir confié un pouvoir similaire en cas de fixation abusive du prix par une partie ? Dans cette dernière hypothèse, le juge ne pourra en effet accorder à la victime du prix abusif qu'une indemnité[166]. Pourtant, la logique aurait voulu que le juge puisse réviser le contrat dans les deux cas ou, au contraire, qu'il se contente, à chaque fois, d'octroyer à la victime une indemnité.

27. Le législateur a, enfin, entendu la doctrine majoritaire qui conteste la jurisprudence « Cruz » par laquelle la Cour de cassation a affirmé que, dans une promesse unilatérale de vente, la rétractation du promettant, dans le délai laissé au bénéficiaire pour se décider, empêche la rencontre de l'offre et de l'acceptation, et ne peut se résoudre qu'en dommages et intérêts[167]. L'article 1124, alinéa 2 du Code civil, énonce en effet que « la révocation de la promesse pendant le temps laissé au bénéficiaire pour opter n'empêche pas la formation du contrat promis ». Ce faisant, l'ordonnance a restauré la hiérarchie entre l'offre et la promesse unilatérale de contrat, et renforce l'intérêt de cette dernière. En effet, alors que la rétractation prématurée de l'offre ne peut se résoudre qu'en dommages et intérêts[168], la rétractation de la promesse est inefficace. Le bénéficiaire d'une promesse unilatérale est donc mieux protégé que le destinataire d'une offre, ce qui redonne sens à la force obligatoire du contrat. À côté de ces modifications figurent, enfin, de véritables innovations.

C) Innovations

28. Les innovations du projet d'ordonnance, quoique rares, on fait couler beaucoup d'encre. C'est la raison pour laquelle, entre le projet d'ordonnance de février 2015 et la version publiée de l'ordonnance, des innovations ont subi des modifications substantielles. Deux exemples d'innovations peuvent être pris.

---

[166] V. C. civ. art. 1164 et 1165.
[167] V. *supra*.
[168] V. *supra*.

29. Le premier concerne la consécration d'un vice d'abus de faiblesse. Si les droits spéciaux du contrat, comme le droit de la concurrence[169] ou le droit de la consommation[170], se sont enrichis de mécanismes destinés à lutter contre l'exploitation d'une situation de faiblesse ou de dépendance, le droit commun était orphelin d'un tel dispositif. Tout juste la Cour de cassation avait-elle, dans deux arrêts, marqué son souhait de voir le vice de violence étendu, au-delà de la lettre des textes, à la violence économique[171]. L'article 1143 du Code civil va plus loin en généralisant cette extension aux situations de dépendance : « Il y a également violence lorsqu'une partie, abusant de l'état de dépendance dans lequel se trouve son cocontractant, obtient de lui un engagement qu'il n'aurait pas souscrit en l'absence d'une telle contrainte et en tire un avantage manifestement excessif ». Ce texte a subi des modifications importantes entre le projet d'ordonnance et sa version publiée. Le texte du projet était, en vérité, assez critiquable[172]. Il multipliait les standards juridiques (« nécessité », « dépendance », « faiblesse ») et ne mentionnait pas la condition de l'« avantage manifestement excessif » qui a pour but de canaliser l'abus de dépendance? Le texte final, dans lequel la condition de l'« avantage manifestement excessif » a été réintroduite, et qui ne fait plus référence qu'à la seule « dépendance » est donc de meilleure facture. Il n'en reste pas moins que l'article 1143 du Code civil pose de nombreuses questions auxquelles la jurisprudence devra apporter des réponses[173].

---

[169] C. com., art. L. 442-6.

[170] C. consom. art. L. 120-1 s.

[171] Civ. 1re, 30 mai 2000, n° 98-15242 ; *D.* 2000, p. 879 note J.-P. Chazal ; *D.* 2001, *Somm.*, p. 1140, obs. D. Mazeaud ; *JCP G* 2001, II, 10461, note G. Loiseau ; *Defrénois* 2000, p. 1124, obs. Ph. Delebecque ; *CCC* 2000, n° 142, obs. L. Leveneur ; *LPA* 22 nov. 2000, note Szames ; *RTD civ.* 2000, p. 827, obs. J. Mestre et B. Fages ; *RTD Civ.* p. 863, obs. P.-Y. Gautier ; Civ. 1ère, 3 avr. 2002, n° 00-12.932 ; *D.* 2002, p. 1860, note J.-P. Gridel et note J.-P. Chazal; D. 2002. *Somm.*, p. 2844, obs. D. Mazeaud ; *JCP G* 2002, I, 184, n° 6 s., obs. G. Virassamy ; *Defrénois* 2002, p. 1246, obs. E. Savaux ; *CCC* 2002, n° 121, note L. Leveneur ; *CCE* 2002, n° 80, obs. Ch. Caron, et n° 89, obs. Ph. Stoffel-Munck ; *Dr. et patr.*, sept. 2002, p. 26, étude G. Loiseau ; *RTD civ.* 2002, p. 502, obs. J. Mestre et B. Fages.

[172] M. Latina, « La violence » *in* G. Chantepie et M. Latina (Dir.), *Projet de réforme du droit des obligations, analyses et propositions*, Dalloz, 2015, p. 35 s.

[173] En particulier, la question se pose de savoir si, en plus des conditions mentionnées par l'article 1143 du Code civil, celles des articles 1140 et suivants devront être respectées. L'article 1143 du Code civil énonce en effet qu'il y a

30. L'autre innovation majeure du projet de réforme concerne la généralisation de la lutte contre les clauses abusives. Là encore, si le droit de la consommation[174] et le droit de la concurrence[175] prohibent les clauses abusives, le droit commun des contrats ne contenait aucune disposition en la matière. C'est d'ailleurs la raison pour laquelle la Cour de cassation avait exploité la notion de cause pour parvenir à l'éradication des clauses limitatives de réparation dont le montant était dérisoire[176]. L'article 1171 du Code civil comble cette lacune en reprenant le critère du déséquilibre entre les droits et les obligations des parties, connu aussi bien du droit de la consommation que du droit de la concurrence[177]. Compte tenu des critiques que la doctrine majoritaire avait adressées au texte du projet d'ordonnance[178], le législateur a décidé de limiter le champ d'application de cette disposition aux seuls contrats d'adhésion, contrats définis par l'article 1110 du Code civil comme ceux « dont les conditions générales, soustraites à la négociation, sont déterminées à l'avance par l'une des parties ». Ici encore, les questions sont nombreuses. Notamment, l'existence de règles spéciales, en droit de la concurrence et en droit de la consommation, interdira-t-elle à ceux qui en bénéficient de se prévaloir de la règle du droit commun ? Si c'est le cas, l'intérêt de cette disposition, qui ne viserait essentiellement que les rapports des particuliers entre eux, serait limité.

31. La réforme du droit des obligations met un terme à une longue attente. En dépit d'inévitables imperfections, cette réforme a le mérite d'exister. Elle révèlera toutefois son plein potentiel à l'épreuve des tribunaux qui, à n'en pas douter, interprèteront les nouveaux textes en

---

« également » violence en cas d'abus de dépendance. L'abus de dépendance n'est donc pas un vice du consentement autonome, mais une nouvelle forme de violence.

[174] C. consom., art. L. 132-1.

[175] C. com., art. L. 442-6.

[176] V. *supra*. À l'époque, le droit de la concurrence ne prohibait pas les clauses abusives.

[177] C. civ., art. 1171 : « Dans un contrat d'adhésion, toute clause qui crée un déséquilibre significatif entre les droits et obligations des parties au contrat est réputée non écrite.
« L'appréciation du déséquilibre significatif ne porte ni sur l'objet principal du contrat ni sur l'adéquation du prix à la prestation. »

[178] F. Bicheron, « N'abusons pas de la clause abusive », *Gaz. Pal.* 30 avr. 2015, p. 24 ; Ph. Stoffel-Munck, « Les clauses abusives : on attendait Grouchy… », *Dr. et Patr.* 2014, n° 240, p. 56.

leur donnant parfois un sens qui n'était pas celui auquel le législateur avait pensé, jusqu'au jour où la discordance entre le droit positif et les textes nécessitera une nouvelle réforme d'ampleur : c'est le mouvement perpétuel du droit !

Juin 2016

Un vent de réforme à la Cour de cassation : enjeux et perspectives

Natalie FRICERO

Avant d'envisager les perspectives d'évolution ou de révolution de la Cour de cassation, il faut comprendre les raisons de ce qui est devenu une apparente urgence législative et synthétiser les enjeux de la cassation en interne comme à l'international. Comme d'autres Cours suprêmes, la Cour de cassation doit se repositionner dans l'ordre judiciaire, revisiter sa mission, aménager ses circuits procéduraux, afin de « rester une Cour suprême » (ces termes sont repris par le premier président Bertrand Louvel dans son dernier entretien au *JCP* 2015, p. 1906).

Digne héritière du Tribunal de cassation créé en 1790, la Cour de cassation aurait pu vivre sereinement, en exerçant sa mission de gardienne des libertés (art. 61 de la Constitution du 4 octobre 1958), placée au sommet de la hiérarchie judiciaire (art. L. 411-1 COJ : il y a, pour toute la République, une Cour de cassation), appliquant un strict syllogisme judiciaire pour donner aux règles de droit l'interprétation qui lui paraît correspondre aux évolutions sociétales (nouvelles règles en matière de responsabilité, art. 1384 du Code civil ; créations interprétatives prétoriennes, comme le principe de concentration des moyens en procédure, etc.).

Mais c'était sans compter sur des évolutions majeures, aussi bien nationales qu'internationales, qui ont déconstruit ce bel édifice et dont les origines sont multifactorielles et difficiles à exposer parce qu'elles se juxtaposent et se potentialisent (1re partie). Les propositions actuelles ouvrent des horizons dont il n'est pas toujours aisé de mesurer la portée (2e partie).

I. La nécessité affirmée d'une réforme

En interne, deux Cours suprêmes coexistent, la Cour de cassation et le Conseil d'État (il est inutile de revenir sur les origines de cette dualité d'ordre de juridictions « à la française » qui sont bien connues). Initialement, la Cour de cassation avait une mission qui lui était propre : la défense des libertés individuelles (art. 61 de la Constitution du 4 oct. 1958) et même la défense de l'administré contre l'Administration lorsqu'une voie de fait était constatée. Ce champ de

compétence a été partiellement dévolu au Conseil d'État : non seulement le Tribunal des conflits est revenu sur la voie de fait et attribue compétence au juge administratif dans ce cas (TC 9 déc. 2013, n° 3931, Panizzon c. Commune de saint Palais sur mer, Dr adm. 2014, comm. 25, S. Gilbert ; ajoutons que la cessation de la voie de fait relève de la compétence du juge des référés administratif, art. L. 521-2 CJA, CE 23 janv. 2013, n° 365262, Commune de Chirongui, Procédures 2013, comm. 90, S. Geygas), que l'emprise soit régulière ou irrégulière (hormis le cas où elle aurait pour effet l'extinction du droit de propriété), mais encore le Conseil d'État s'est vu attribuer de plus en plus de compétences dans le domaine de la défense des libertés individuelles, avec des contentieux qu'il juge selon les mêmes principes que le juge judiciaire, en appliquant le procès équitable (art. 6 de la Convention européenne des droits de l'homme). La Cour de cassation n'a donc plus le monopole de la défense des libertés et des droits individuels.
À cela, il faut ajouter une 3e « juridiction », le Conseil constitutionnel, qui vient à son tour absorber une partie de cette mission, avec par ailleurs une autorité supérieure (art. 61 de la Constitution de 1958 : les décisions qu'il prend s'imposent à toutes les autorités, y compris au Conseil d'État et à la Cour de cassation...). Avec l'introduction de la QPC, le Conseil constitutionnel n'est plus uniquement le gardien de la séparation des pouvoirs, mais aussi le gardien des libertés et droits fondamentaux…à tel point que certains prédisent qu'il est en voie de devenir à son tour une Cour suprême (voir Marc Guillaume, Avec la QPC, le Conseil constitutionnel est-il devenu une cour suprême ?, *JCP G*, 2012, n° 24, p. 722 - Philippe Théry, Cours suprêmes, essai manqué de typologie et de définition, *D.* 2015, p. 1731, qui fait état de la difficulté de définir les caractéristiques d'une Cour suprême, surtout à l'échelle internationale !) ! On mesure l'ampleur des difficultés pour trouver une place au sein de cette organisation…
À l'échelle internationale, le positionnement de la Cour de cassation comme gardienne des droits fondamentaux a été bouleversé. D'abord, la France est membre de l'Union européenne, et il n'y a pas lieu d'insister sur le rôle de plus en plus important de la Cour de justice de l'Union dans la protection des droits fondamentaux des citoyens. Avec la primauté des règlements sur le droit national (art. 55 Constitution de 1958), la protection des droits fondamentaux par la Charte européenne des droits fondamentaux, et la compétence

de la Cour de justice de l'Union pour interpréter les Traités, on observe une inévitable diminution du rôle de la Cour de cassation.
Ensuite, la ratification par la France de la Convention européenne des droits de l'Homme en 1974, la reconnaissance du recours individuel en 1981, ont conduit à un contrôle de plus en plus lourd opéré par la Cour européenne des droits de l'Homme. Certes, le juge national, y compris la Cour de cassation, constitue le premier juge du contrôle de conventionnalité. Mais de façon subsidiaire (art. 35 Convention EDH), la Cour européenne vient contrôler les décisions de la Cour de cassation (et du Conseil d'État) : une Cour suprême nationale admet difficilement que sa jurisprudence soit soumise aux critiques d'une juridiction internationale (on a pu mesurer l'ampleur des ressentiments à l'occasion de l'arrêt Dulaurans contre France du 21 mars 2000, n° 34553/97, qui avait sanctionné l'État français pour violation de l'art. 6, en raison d'une erreur manifeste d'appréciation par la Cour de cassation…).
L'avenir s'annonce difficile : lorsque le Protocole n° 16 de la Convention européenne sera ratifié, les États devront désigner les Cours suprêmes qui pourront saisir pour avis la Cour européenne en cas de difficulté d'interprétation de la Convention. Si le Conseil constitutionnel figure parmi les « Cours suprêmes » désignées à cet effet, y aura-t-il un transfert de compétence relativement au contrôle de conventionnalité des lois ? C'est une crainte exprimée implicitement : un tel transfert risquerait de conférer une suprématie au Conseil constitutionnel sur les autres Cours suprêmes : en effet, la Cour de cassation pourra-t-elle encore écarter l'application d'une loi alors que le Conseil constitutionnel l'a déclarée conforme à la Convention européenne des droits de l'homme avec une autorité « absolue » de la chose jugée ?
Les groupes de travail au sein de la Cour de cassation et le rapport d'étape invoquent d'autres arguments en faveur d'une réforme : il faut recentrer la Cour de cassation sur sa fonction dite « normative » et mieux gérer les flux de pourvois, afin de permettre à la Cour de cassation de jouer pleinement son rôle.

II. La portée incertaine de la réforme

À lire les réflexions de la communauté des juristes, des groupes de travail, des praticiens, de nombreuses questions surgissent : une révolution est-elle vraiment nécessaire ? Est-elle possible ? Une mini-réforme suffira-t-elle ? Tous les aspects de l'organisation, du fonctionnement, de la mission de la Cour de cassation sont successivement envisagés et des propositions de réformes plus ou moins utopiques voient le jour. Quatre axes doivent être analysés.

1) Une réforme organisationnelle : un rôle revalorisé du Parquet

Dans le prolongement de la proposition de loi organique relative à l'indépendance et l'impartialité et à l'ouverture de la magistrature sur la société n° 660 du 31 juillet 2015, qui définit le conflit d'intérêts et prévoit un entretien déontologique pour les magistrats du siège comme du parquet ayant une activité juridictionnelle (article 21), des propositions intéressent le Parquet général près la Cour de cassation.

En interne, la réforme est censée estomper les difficultés considérables issues des condamnations de la Cour européenne relatives à la procédure devant la Cour de cassation, particulièrement en ce qui concerne la présence du Parquet au délibéré (interdite), et la communication au Parquet du projet d'arrêt (interdite également, le conseiller rapporteur ne communique à l'avocat général qu'un rapport allégé, avec l'exposé de la procédure, des problèmes de droit, à l'exclusion du projet d'arrêt) (voir, D. Boccond-Gibod, Ce qui pourrait changer à la Cour de cassation, *D.* 2014, p. 1107). Il s'agit aussi de tirer les conséquences par analogie, de l'arrêt de la Cour européenne Marc-Antoine contre France du 13 juin 2013 (n° 54984/09) qui a déclaré conforme à l'article 6 de la Convention le rôle du rapporteur public devant le Conseil d'État (il est vrai que le rapporteur public fait partie des magistrats du siège).

Le Parquet près la Cour de cassation n'est pas engagé dans l'action publique, il a pour seule mission d'éclairer les juges sur le sens de la loi. Il pourrait jouer un **rôle d'ouverture sur la société civile, en recherchant par exemple les incidences sociétales, économiques des décisions prises par la Cour, avant le prononcé de l'arrêt (études d'impact)**.

Des **expérimentations procédurales** sont en cours devant certaines chambres pour que la communication entre le Parquet et le siège soit plus importante en amont, pour que le Parquet soit associé à la

détermination des dossiers à fort enjeu pour organiser une instruction plus approfondie (voir Entretien, Bertrand Louvel, *JCP G*, 19 oct. 2015, spéc. p. 1912).
Il s'avère nécessaire de modifier **la répartition du travail entre Parquet et juge du siège** (voir V. Rebeyrol, Une réforme pour la Cour de cassation ? *JCP* 2015, p. 1589). Les avocats généraux ne devaient intervenir que dans les dossiers importants à la demande du conseiller rapporteur pour éclairer sur des points de droit indiqués dans le rapport, et non être chargés de donner des avis dans toutes les affaires. Chaque avocat général est affecté à une chambre et à une section d'une chambre, et doit actuellement fournir à avis sur tous les dossiers soumis à la section.

2) L'accès restreint aux litiges présentant une importance jurisprudentielle, matérielle ou sociétale

On sait que la Cour de cassation s'est modernisée en intégrant les nouvelles technologies (la procédure y est entièrement dématérialisée et les magistrats disposent de la signature électronique) et en rationalisant le traitement des pourvois, à tel point que les derniers rapports annuels démontrent que les flux sont gérés dans des délais parfaitement raisonnables (inférieurs à une année) ! Le nombre de pourvois est stable depuis quelques années 30 000 pourvois formés pour 4 millions d'affaires traitées par les juges du fond !
Pourtant, un document interne « Rapport sur l'avant-projet de réforme **du filtrage des pourvois** devant la Cour de cassation » de mai 2015 propose une procédure de filtrage (Bertrand Louvel, Réflexions à la Cour de cassation, *D.* 2015, 1326) avec des variables importantes.
Ce filtrage est justifié par des comparaisons avec d'autres Cours suprêmes et surtout par la volonté de « recentrer la Cour sur sa mission principale de dire le droit ». La fonction centrale de la Cour de cassation serait normative, « dire le droit et veiller à son interprétation uniforme », et non disciplinaire. Le rapport d'étape du groupe de réflexion de la Cour de cassation présentée le 28 mai 2015 retient 2 options : une première pour améliorer la procédure existante, une formation en charge de l'admission des pourvois serait créée et opèrerait une sélection des affaires sur la base d'un examen des mémoires ampliatifs. La 2e voie serait plus réformatrice : il s'agirait de mettre en place un dispositif de filtrage préalable à l'examen au fond du pourvoi, l'admissibilité répondant à un certain nombre de

critères. Pour synthétiser, soit on adapte les procédures de cassation et le traitement des affaires selon les enjeux, soit on régule les flux en limitant la recevabilité des pourvois. Un rapport du Club des juristes (Sécurité juridique et initiative économique, 11 juin 2015, comm. N. Fricero, *JCP* 2015, p. 1258, l'avenir de la Cour de Cassation : la vision originale du club des juristes) préconise que la Cour de cassation ne connaisse que des questions de principe, d'évolution du droit ou d'unification de la jurisprudence. Une analyse comparative montre que les critères utilisés sont variables au sein des Cours suprêmes du conseil de l'Europe **: le montant du litige, la matière concernée, ou la fondamentalité de la question** (P. Deumier, accès à la Cour de cassation et traitement des questions jurisprudentielles, *D.* sept. 2015, p. 1720). Une évolution ou une révolution permettrait à la Cour de cassation d'assumer sa fonction normative ou plus exactement sa **« mission jurisprudentielle », c'est-à-dire sa fonction de création prétorienne du droit et de régulation et d'harmonisation de la jurisprudence sur l'ensemble du territoire**. Les termes de « mission jurisprudentielle » peuvent être préférés à ceux de « fonction normative » parfois critiqués par certains. En effet, **certains auteurs** considèrent que la Cour de cassation n'a aucune fonction normative : seul le Parlement a une légitimité démocratique pour décider des questions sociétales (voir Rebeyrol, art. préc. *JCP* 2015, p. 1588). **D'autres contestent que la fonction normative de la Cour de cassation** puisse être dissociée de sa fonction disciplinaire : « les décisions de la Cour de **cassation ont une portée normative, mais la Cour n'exerce pas de mission normative** » (Bernard Haftel, « Libres propos sur l'avant-projet de réforme de la Cour de cassation et la fonction du juge », *D.* 2015, p. 1378). La Cour de cassation a une mission juridictionnelle, unifier la jurisprudence et assurer une même interprétation des textes sur l'ensemble du territoire. **L'article 5 du Code civil** interdit aux juges les arrêts de règlement, et, si l'article 4 du même code autorise le juge à faire œuvre créatrice en cas d'obscurité ou d'insuffisance de la loi, c'est toujours avec une autorité relative de la chose jugée (art. 1351 C. civil et 480 CPC). En outre **l'article 604 du code** de procédure civile indique le pourvoi en cassation tend à faire censurer par la Cour de cassation la non-conformité du jugement qu'il attaque **aux règles de droit.** Ceci correspond à la tradition historique : le Tribunal de cassation a été institué pour sanctionner une mauvaise application de la loi et non pour assurer l'unification de la jurisprudence (F. Zenati, La jurisprudence, *Dalloz*, 1991). C'est pourquoi la violation d'une jurisprudence établie de la Cour de cassation est présentée comme une violation d'un texte de loi, sans référence à la jurisprudence méconnue. Si les « principes » sont parfois visés, d'ailleurs sans la moindre référence à leur source prétorienne (principe de concentration des moyens arrêt Césaréo, Ass. plén. 7 juillet 2006, principe de loyauté de la preuve), la Cour de cassation n'affirme pas que la violation de sa propre jurisprudence soit une cause de cassation, contrairement conseil d'État (on cite notamment un arrêt du 19 avril 2013, n° 340 093, CCI d'Angoulême, *AJDA* 2013, p. 823 et 1276 ; *RTD civ.* 2013, p. 561, P. Deumier), dans lequel la juridiction décide qu'une cour administrative d'appel fait application à bon droit « de la règle énoncée par la décision du Conseil d'État, statuant au contentieux numéro 304 802 du 28 décembre 2009, commune de Béziers »…

La Cour de cassation, approuvée en cela par une partie de la doctrine se situe donc dans un **entre-deux normatif**, ce qui la distingue des autres Cours suprêmes étrangères qui font figurer parmi les cas d'ouverture à cassation la non-conformité à leur propre jurisprudence (Italie, Espagne, Autriche). Il reste que les juges du fond se conforment aux interprétations de la Cour de cassation, que les avocats et les justiciables s'y réfèrent et qu'en conséquence, les arrêts de la Cour de cassation ont **une véritable une valeur normative**…Alain Lacabarats, dans son rapport sur l'avenir des juridictions du travail (vers un tribunal prud'homal du XXIe siècle, juill. 2014) constate pourtant que certains conseillers prud'homaux considèrent que la jurisprudence de la Cour de cassation ne s'impose aucunement aux juridictions du fond, mais constitue une simple source d'information… Il est vrai qu'en l'absence de théorie du précédent, les juges du fond ont la possibilité de résister à la solution donnée sur les points de droit (sauf si elle est rendue en Assemblée plénière, art. L. 431-4, alinéa 2, COJ).

Les réformes proposent un « filtrage » à deux niveaux :

a) Un accès limité à la cassation (une conception « aristocratique » de la Cour de cassation)

Le filtrage proposé consisterait en une limitation de l'accès à la cassation (N. Molfessis, *JCP G* 2016, supplément, Regards d'universitaires sur la réforme de la Cour de cassation, Pour une sélection vertueuse des pourvois, p. 16). Actuellement, le recours en cassation est extrêmement démocratique : toute partie qui a succombé peut attaquer la décision rendue en dernier ressort en alléguant qu'elle méconnaît une règle de droit. Si ses moyens sont manifestement irrecevables ou mal fondés, elle n'obtiendra certes pas l'aide juridictionnelle (art. 7, loi 1991) et elle recevra une « décision de non-admission » motivée de manière allégée, mais elle aura eu accès à la Cour de cassation. Malgré cet accès démocratique, la Cour de cassation parvient à gérer les flux ainsi générés de manière parfaitement raisonnable (387 jours devant les chambres civiles, 166 jours devant la chambre criminelle, Vincent Rebeyrol, Une réforme pour la Cour de cassation ?, *JCP* 2015, p. 954).
Le filtrage est souvent justifié par un afflux ingérable de pourvois, qui empêcherait la Cour de se pencher plus longuement sur les questions jurisprudentielles importantes (environ 30 000 pourvois par an, alors qu'il y en a 80 000 en Italie, et beaucoup moins dans les autres États). Mais il faudrait compter avec les « circuits de dérivation », comme les radiations du rôle 1009-1 CPC en raison de l'inexécution de la décision attaquée, les désistements nombreux lorsque l'avocat aux Conseils rend sa consultation indiquant que le pourvoi n'a aucune chance de prospérer, ainsi que les non-admissions qui relèvent d'un examen plus léger.

Ce projet a déjà reçu de très nombreuses critiques :
- les premières concernent la définition des critères de détermination de l'importance des questions que la Cour déciderait d'examiner. Que signifie une question de droit importante ? Des conséquences sociétales tout aussi importantes ? Les critères sont entourés d'un flou artistique inquiétant pour la sécurité juridique. La publication des arrêts (P, B, R) laisse parfois perplexe quant aux choix de la Cour de cassation relativement l'importance de la solution.

- d'autres se concentrent sur le résultat de ce filtrage qui méconnaîtrait les intérêts du « vrai justiciable », qui attend une réponse à la violation de la loi par la décision qui le condamne, et qui lira que son pourvoi est irrecevable parce que la question posée a déjà été tranchée, ou qu'elle est de faible intérêt normatif.
- la raison invoquée du nombre trop important de pourvois empêchant les magistrats de se concentrer sur les questions essentielles est remise en cause par une analyse des chiffres résultant des rapports annuels (V. Rebeyrol, *JCP* 2015, p. 1563 préc), si on soustrait les décisions qui ne supposent pas une instruction approfondie (non-admissions, radiations…). De plus, les taux de cassation élevés (34 % 1re chambre, 29 % 2e chambre, 30 % 3e chambre, 31 % chambre commerciale, 36 % chambre sociale et 17 % chambre criminelle) démontrent que les moyens de pourvois sont sérieux, même si la Cour rejette entre 65 et 70 % des pourvois.

Pourtant, ces cassations ne correspondent pas à des questions de droit importantes, elles sont souvent **« disciplinaires »** : faut-il les supprimer ? Quelle confiance le justiciable aura-t-il dans la justice civile s'il ne peut plus obtenir la sanction par la Cour de cassation d'une condamnation qui méconnaît le contradictoire, qui n'est pas motivée, parce qu'aucune question importante n'est en jeu ? Comment la Cour de cassation pourra-t-elle maintenir son rôle d'unification de l'interprétation du droit si les juges du fond savent qu'aucun pourvoi ne sera ouvert contre leurs décisions si une question importante n'est pas en jeu (le juge du fond n'est pas tenu juridiquement d'appliquer les solutions de la Cour de cassation, contrairement au système anglo-saxon du précédent, « biding precedent ») ? En outre, les acteurs sociaux et économiques souhaitent avant toute chose la prévisibilité des solutions juridiques, pour pouvoir adapter leurs actions : cette uniformisation des solutions sera abandonnée dès lors que la question n'est pas nouvelle ou qu'elle concerne la simple technique juridique sans portée sociétale ?

Une voie médiane est parfois proposée : les questions importantes sont examinées selon une procédure avec instruction, par une formation collégiale élargie, alors que l'examen des cassations disciplinaires pourrait être confié à un juge ou une formation restreinte. Ne peut-on craindre que les juges affectés à la chambre *ad hoc* disciplinaire finissent pas trouver leur tâche rébarbative ? Par ailleurs, comment envisager les pourvois qui comportent à la fois un moyen disciplinaire et un moyen de fond ?

b) C'est peut-être en s'inspirant des méthodes utilisées par la Cour européenne des droits de l'homme que par l'établissement de conditions nouvelles de recevabilité du pourvoi en cassation qu'une évolution notable peut être mise en place.

1° La première amélioration dans le traitement des pourvois consisterait en une ouverture sur les effets sociaux, économiques, sociétaux de la décision à rendre afin de mesurer plus finement la politique jurisprudentielle de la Cour de cassation. À cet égard il est souvent fait état du rôle du parquet apte à recueillir les avis et opinions provenant d'autorité ou de personnes extérieures à la Cour de cassation. Les travaux préparatoires des arrêts font parfois état des consultations opérées par le parquet permettant de prendre en considération : les travaux parlementaires, la doctrine, les études, les sondages, les opinions des sociologues des philosophes, etc. Ces fenêtres sur la société civile permettent à la Cour de cassation d'opérer un choix de politique juridique éclairée, adaptée au contexte. Ces recherches pourraient également prendre en compte un véritable dialogue avec la Cour de justice de l'Union européenne et la Cour européenne des droits de l'homme afin que les standards européens ne soient pas méconnus.

2° Une autre amélioration consiste à adapter les formations de la Cour de cassation aux enjeux de l'affaire (c'est déjà le cas dans l'examen des pourvois en cas de non-admission, de formation restreinte ou de formation en section). Lorsque l'arrêt aboutit à une modification de l'état du droit, un revirement de jurisprudence il faut qu'il soit « délibéré solennellement, mûrement réfléchi et rapidement connu » (A. Perdriau, Réflexions désabusées sur le contrôle de la Cour de cassation en matière civile, *JCP* 1991, I, 3738). Actuellement la **chambre mixte et l'assemblée plénière** sont des formations solennelles de la Cour de cassation qui se réunissent pour les questions de principe et les divergences de jurisprudence (art. L. 431-5 et L. 431-6 du COJ) : néanmoins une analyse statistique révèle que le renvoi en formation solennelle des questions les plus importantes n'est pas systématique. La formation plénière de chambre (art. R. 421-3 du COJ) intervient si un revirement est envisagé, sur les questions sensibles, ou en cas de désaccord entre sections (mention FP sur les arrêts). Alors que les questions moins importantes sont tranchées en formation de section restreinte (FR). La difficulté que l'on perçoit dans l'orientation des affaires entre les différentes formations de la Cour de cassation et qu'il faut trouver un équilibre entre deux types d'organisation : d'une part un délibéré dans une formation composée d'un grand nombre de magistrats, d'autre part un délibéré devant une formation composée d'un petit nombre de magistrats très spécialisés... Les questions de droit difficiles et complexes ne supposent-elles pas une spécialisation de tous les rouages du système, plutôt qu'une formation simplement élargie ?

3) L'intensité du contrôle de cassation : un contrôle de proportionnalité par la Cour de cassation pour une meilleure garantie des droits de l'homme, un contrôle de conventionnalité exclusif ?

En se fondant sur certains arrêts de la Cour de cassation ayant introduit un contrôle de proportionnalité (*JCP G* 2016, supplément, Regards d'universitaires sur la réforme de la Cour de cassation, E. Jeuland, Réforme de la Cour de cassation, une approche utilitariste du contrôle de proportionnalité, p. 20 ; D. de Béchillon, Observations sur le contrôle de proportionnalité, p. 27) pour mettre à l'écart dans une espèce une règle de droit, certains auteurs y ont vu l'introduction de motifs de pur fait dans la technique de cassation (J.-P. Marguénaud, C. Jamin, Révolution tranquille à la Cour de cassation, *D.* 2014, 2061), alors que d'autres ont insisté sur le fait que ce contrôle relève de l'activité traditionnelle de la cassation (la Cour peut se fonder sur des faits acquis aux débats, des faits constants, pour appliquer le droit, C. Fattacini, L'intensité du contrôle de cassation : le contrôle de proportionnalité par la Cour de cassation, le point de vue d'un avocat aux Conseils, *D.* 2015, p. 1734).
Ce contrôle est déjà parfaitement intégré à la cassation comme l'ont démontré Serge Guinchard, Tony Moussa et Frédérique Ferrand (Une chance pour la France et le droit continental : la technique de cassation, vecteur particulièrement approprié au contrôle de conventionnalité, *D.* 2015, p. 278). L'introduction d'un contrôle de proportionnalité traduit une évolution de la Cour de cassation relativement au contrôle des qualifications. Si la Cour de cassation opère depuis longtemps en matière de presse un contrôle de proportionnalité de l'atteinte à la vie privée et à la liberté

d'expression, un tournant semble avoir été pris le 4 décembre 2013 : la Cour de cassation **a soulevé d'office l'inconventionnalité de l'application à l'espèce** de l'article 161 du Code civil (**et non du texte lui-même** dans l'abstrait). Elle a contrôlé la qualification d'atteinte disproportionnée à la vie privée. Elle est en effet juge de la qualification juridique des faits, sans les rejuger ou les remettre en cause (il s'agit des faits acquis aux débats). Elle qualifie compte tenu des circonstances de l'espèce, tel qu'elles résultent des constatations des juges du fond.
Le rapport du Club des juristes propose de réserver à la Cour de cassation le contrôle de la conventionnalité des lois (selon un mécanisme analogue à la QPC : les juges du fond devraient transmettre la question à la Cour de cassation).

4) L'accès à la « doctrine » de la Cour de cassation la compréhension de la force normative ou créatrice de droit

L'incompréhension du sens et de la portée de certains arrêts de la Cour de cassation est parfois partagée par la communauté des juristes et on cite avec un certain cynisme les commentaires d'arrêts « à côté de la plaque » de professeurs d'université… Les propositions de réforme intéressent la rédaction des arrêts, leur motivation, l'accès de la communauté des juristes aux documents annexes, voire l'intégration des opinions dissidentes dans les arrêts…
Faut-il abandonner le syllogisme judiciaire au profit d'un contrôle de proportionnalité, de recherche d'un juste équilibre, de mise en balance systématique des droits des plaideurs, à partir des faits constatés, chaque fois que des droits fondamentaux sont en cause ? Dans un article paru à la Semaine juridique (31 août 2015, Libres propos, p. 1494), Pierre-Yves Gautier fait « L'éloge du syllogisme » : il constitue un instrument de rigueur logique, facilement (et rapidement) accessible, qui n'entre pas dans la casuistique à laquelle se livrent les Cours européennes… « La concision est le génie propre du syllogisme ; la longueur embarrasse la pensée, obscurcit le caractère didactique de la décision » écrit Gautier. Pourtant les circonstances de l'espèce sont prises en compte, énoncées dans la mineure et la qualification. **La solution n'est donc jamais abstraite et désincarnée, même devant la Cour de cassation. À l'inverse, les Cours européennes pratiquent une méthode analytique** : même si la motivation est beaucoup plus abondante, la solution est bien moins

compréhensible. Or, la Cour de cassation intègre le contrôle de proportionnalité dans la mise en œuvre des règles de droit (Civ. 1re, 4 déc. 2013, n° 12-26066 ; Civ. 1re, 15 mai 2015, n° 13-27391), auquel se réfèrent aussi bien la Cour européenne des droits de l'homme que la Cour de justice de l'Union européenne (CJUE, 27 mars 2014, C 314/12, Légipresse 2014, n° 317, Laure Marino, responsabilité des professionnels de l'internet). Mais ces deux logiques peuvent se combiner (S. Guinchard et T. Moussa et F. Ferrand, Une chance pour la France et le droit continental : la technique de cassation, vecteur particulièrement approprié au contrôle de conventionnalité, *D.* 2015, p. 278, préc.).

Faut-il modifier la rédaction des arrêts et leur motivation ? La concision n'est pas l'ellipse dit-on ! Le débat autour de la motivation est ancien (A. Touffait et A. Tunc, Pour une motivation plus explicite des arrêts de la Cour de cassation, *RTD civ.* 1974, p. 502) et la Cour de cassation pourrait s'inspirer des Cours européennes tout en conservant une motivation syllogistique (N. Fricero, Pour un meilleur accès à la portée normative des arrêts de la Cour de cassation, *JCP G* 2016, supplément, Regards d'universitaires sur la réforme de la Cour de cassation, p. 30)

Dans un article consacré à ce thème, Pascale Deumier (Repenser la motivation des arrêts de la Cour de cassation ? *D.* 15 oct. 2015, p. 2022) analyse les raisons avancées au soutien du style actuel. Aucune règle ne précise l'étendue de la motivation pour les juges. La Cour européenne des droits de l'homme n'impose de motivation renforcée que pour les revirements de jurisprudence de la Cour de cassation (CEDH 14 janvier 2010, n° 36815/03 Atanasovski c/ ex. République Yougoslave de Macédoine).

Le syllogisme donne l'ordre des étapes du raisonnement, mais ne dit rien sur la façon d'exposer chaque étape. Les Cours européennes pratiquent aussi le syllogisme (règle de droit, situation d'espèce et application de l'une à l'autre), mais avec des explications, une « balance » entre les différents droits fondamentaux en cause. Est-ce que les explications affaiblissent l'autorité des arrêts ? Non, si on en juge par l'exemple des Cours européennes qui rendent des décisions contenant les opinions séparées de certains juges. Et puisque la Cour de cassation n'est plus la « bouche de la loi », elle peut adopter un style qui n'emprunte pas la brièveté à la loi (*imperatoria brevitatis*).

Il existe **déjà des variations dans la motivation** : ainsi, la décision de non-admission fait l'objet d'une formule abrégée, alors que les arrêts comportent une motivation enrichie. Néanmoins, lorsque la Cour de cassation exerce sa mission créatrice de droit, ou opère un revirement de jurisprudence, un supplément de motivation paraît indispensable pour de nombreuses raisons :-pour répondre aux standards de la Cour européenne des droits de l'homme qui considère qu'un revirement de jurisprudence doit être fondé sur une motivation renforcée, CEDH, 14 janvier 2010, n° 36815/03, Atanasovski c/ ex-République Yougoslave de la Macédoine, *AJDA* 2010, 997, J.-F. Flauss). -pour répondre à un souci de transparence démocratique ; -dans un souci de pédagogie, pour être comprise par les justiciables et les juristes ; -parce que les juristes sont habitués aux styles des autres Cours européennes.
Un rapport du groupe de travail sur la rédaction des décisions de justice administrative a conduit le conseil d'État à donner aux utilisateurs une meilleure réception de la nouvelle interprétation sans obliger la juridiction à révéler son raisonnement interprétatif
- l'amélioration de la motivation doit reposer sur un équilibre entre le souci d'une meilleure compréhension des décisions juridictionnelles sans pour autant trahir le secret des délibérations, et la tradition juridique française (notamment, les opinions dissidentes sont exclues)
Mais il ne s'agit pas de retenir l'exemple des motivations des cours suprêmes d'inspiration anglo-saxonne (comme la Cour européenne des droits de l'Homme) : la réponse à la question figure le plus souvent dans deux ou trois attendus à la rédaction parfois obscure, alors que la motivation précédente était très longue et détaillée !
Faut-il aménager la diffusion des arrêts de la Cour de cassation ? Actuellement, la communauté des juristes connaît bien la gradation P+B+R+I+D. Plus un arrêt à une portée normative élevée, plus sa diffusion est élargie (10 % font l'objet d'une diffusion élargie). Mais on constate un **certain nombre de paradoxes dans la diffusion**. En effet, certaines décisions suscitent la perplexité, l'importance de la question de principe tranchée ne se traduisant par une publication au plus tard au Bulletin ou au Rapport. À l'inverse, la diffusion sur le site Légifrance de la totalité des décisions conduit les professionnels du droit à utiliser un arrêt inédit dans leurs moyens de droit, tout en connaissant la faible portée normative de la décision. Ce manque de cohérence a conduit le Club des juristes à proposer la suppression de cette hiérarchisation (n° 111 du rapport).

Faut-il améliorer la diffusion d'explication pédagogique des arrêts ? Il existe un certain nombre de documents annexes aux arrêts fort utiles pour la compréhension de la raison et de la portée d'une décision. Mais leur diffusion est aléatoire : dans certains cas le rapport du conseiller rapporteur et l'avis de l'avocat général sont publiés ; les notes au bulletin d'information de la Cour de cassation se raréfient ; la diffusion de communiqués varie selon les chambres et les périodes… Il conviendrait sans doute d'institutionnaliser la pratique de cette diffusion. Une meilleure formation des juristes à la compréhension des arrêts est sans doute également nécessaire comme l'avait observé Jacques Ghestin en 2004 (L'interprétation d'un arrêt de la Cour de cassation, *D.* 2004, p. 2339).

L'ubérisation du droit

Irina PARACHKEVOVA et Marina TELLER

Aborder le thème de l'ubérisation du droit oblige au préalable à rendre compte de la genèse même du phénomène « d'ubérisation » et à l'inscrire dans son contexte sociétal. À son origine se trouve, en effet, une révolution technologique : celle de l'internet des objets[179]. Une nouvelle infrastructure inédite jusqu'ici a été créée par l'homme, où tout et tous peuvent être connectés dans un réseau mondial intégré. Le *Big Data* est le cœur névralgique de cette infrastructure qui ouvre des perspectives vertigineuses. Des milliards de capteurs existent déjà sur les ressources naturelles, les chaînes de production, les réseaux électriques et logistiques, les logements, les bureaux, les magasins et même les humains. C'est là un progrès technologique aussi important que la machine à vapeur. Il annonce pour certains, à terme, si ce n'est le déclin du capitalisme, du moins sa régénérescence[180] et l'essor d'une économie collaborative fondée sur le partage et l'entraide[181]. Cette avancée technologique provoque des métamorphoses économiques profondes qui interfèrent nécessairement avec le domaine juridique.

Bien évidemment, l'évolution est encore en cours d'émergence et sa réalité, ses réalités, ne sont pas figées. Ce sur quoi elle débouche et débouchera à l'avenir reste entièrement à découvrir, à cerner et à comprendre, à commencer par la palette de comportements nouveaux que cette « économie collaborative » est appelée à recouvrir. Néanmoins, il est des phénomènes d'ores et déjà « observables ».

---

[179] V. notamment, J. Rifkin, La nouvelle société du coût marginal zéro, L'internet des objets, l'émergence des communaux collaboratifs et l'éclipse du capitalisme, Ed. Les liens qui libèrent 2014.

[180] Sur cette aptitude du capitalisme à se régénérer et à se réinventer, sous l'effet notamment du mouvement de la responsabilité sociale de l'entreprise, v. G. Farjat, G. Martin, J.-B. Racine, La morale, la crise et le droit économique, *in* Crise et droit économique, Larcier 2014, p. 157.

[181] J. Rifkin, La nouvelle société du coût marginal zéro, *op. cit.*

La mouvance puise sa source dans une pratique informelle s'appuyant sur une technologie nouvelle. Des propriétaires de ressources inutilisées - une chambre, un siège dans une voiture, une bicyclette, un espace de jardinage, etc. - les ouvrent désormais aux tiers, grâce à des plateformes ou des places de marché[182]. Dans cette visée, l'on peut dire que l'économie collaborative renvoie au fait pour des particuliers d'échanger avec d'autres particuliers des biens (une voiture, un logement, un local de rangement, etc.) ou des services (covoiturage, bricolage, cours de cuisine…), sous forme de vente ou de location, par l'intermédiaire d'une place de marché virtuelle ou d'une plateforme de mise en relation, laquelle perçoit une commission prélevée sur les transactions ainsi réalisées. Il en résulte un échange de biens et de services pour un prix modeste, dans des conditions souvent meilleures (ex. temps d'attente réduit, hébergements plus spacieux, etc.) que celles offertes par les secteurs traditionnels au même prix (taxis, hôtellerie, etc.). L'efficacité et l'ampleur du phénomène proviennent précisément de ces plateformes et places de marché qui rendent possible la connexion des particuliers entre eux et qui multiplient et diversifient à l'infini les biens et les services offerts. C'est sur cette économie d'intermédiation que le droit achoppe : les règles actuelles ne permettent pas d'encadrer la capacité de ces structures à mettre en relation de façon massive, fluide, permanente et en tout lieu, une offre et une demande[183]. Dans le même temps, cette économie collaborative fondée sur l'échange et le partage a une réelle utilité sociale et participe de l'intérêt général, puisqu'en plus de ses coûts réduits, elle évite le gaspillage, le stockage, la surproduction…

Les manifestations de ce type de pratiques ne se comptent plus, tant leur essor a été rapide, quelle que soit l'activité économique sous-jacente. *Uber* et son concurrent *Lyft* (voitures avec chauffeur), *Airbnb* (location de biens immobiliers), *BlaBlaCar* (covoiturage), *Vinted* (échange de vêtements de seconde main), *Eatwith* (partage de repas à domicile), *Electricity* (revente des surplus produits par des panneaux solaires domestiques), *TaskRabbit* (échange de petits boulots), le

---

[182] V. p. ex., L. Duong Godefroy, Vers une régulation juridique des places de marché de commerce en ligne entre particuliers, D. 2015, p. 2513 ; N. Petit, Uber, Concurrent Déloyal ou Champion Libérateur de l'Économie du Partage ?, *Liege Competition and Innovation Institute*, *LCII Policy Briefs*, *Issue* 2014/3, Feb. 2015.

[183] V. V. De Senneville, « Le droit à l'épreuve du phénomène Uber », *Les Echos,* 15 septembre 2015

désormais célèbre *Money Lending* (prêt d'argent entre particuliers), *Cotransportage.fr* ou *Le Transporteur du pauvre* (déménagement collaboratif) sont autant d'applications, d'envergure différente, qui empruntent à ce modèle. Tous les secteurs sont concernés. Symbole de ce type de plateformes, *Uber* illustre une véritable tendance de société à laquelle l'entreprise donne à présent son nom : l'ubérisation. Le droit lui-même « s'ubérise » à travers l'émergence de plateformes d'aide à l'action en justice ou à la recherche juridique et le mouvement commence à susciter peu à peu une prise en compte juridique.

Les choses sont cependant à nuancer. L'évolution est parfois - et un peu vite - vue comme un mal à combattre ou maîtriser. L'expression même, « ubérisation », comporte une dimension négative, péjorative. Pourtant, la réaction du droit n'a pas à être nécessairement hostile envers cette métamorphose des comportements économiques. Notons à cet égard que le financement participatif ou *crowdfunding*, permettant aux internautes de financer des disques, des films, des start-ups, des journaux et même des expéditions[184], a été l'une des premières manifestations de l'économie collaborative à être favorablement accueillie par le droit français, grâce à l'ordonnance du 30 mai 2014[185]. Mais l'avenir de l'uberisation est incertain : ferment d'évolution et de subversion de l'ordre établi, le phénomène sera peut-être absorbé par les forces d'attraction de l'économie néolibérale. En effet, l'économie du partage a tendance à se métamorphoser et à se diluer dans l'économie de marché : ce fut auparavant le cas, deux siècles plus tôt, pour le mouvement des coopératives et des mutuelles qui étaient déjà les ancêtres de l'économie du partage.

Le développement de l'uberisation soulève de très nombreuses questions : est-il la voie d'une destruction structurelle du travail salarié au profit du *digital labor*[186] ? La consommation collaborative ne serait-elle pas, finalement, la dernière illustration de cette capacité du capitalisme à absorber les critiques pour mieux s'étendre[187] ?

---

[184] V. récemment, l'expédition Vendémiaire pour retrouver une épave historique.

[185] Ord. n° 2014-559 du 30 mai 2014 relative au financement participatif.

[186] V. T. Scholz, *et al.*, *Digital labor : the internet as playground and factory*, Londres, Routledge, 2012.

[187] V. L. Boltanski et E. Chiapello, *Le nouvel esprit du capitalisme*, Paris, Gallimard, 1999.

Quelques certitudes se dégagent aussi : l'économie du partage constitue le nouvel avatar d'une utopie. Elle fonde une économie plus horizontale et construit une émancipation individuelle et collective des individus par des pratiques coopératives rassemblées autour du partage d'une ressource essentielle qu'est l'information[188].

Certains auteurs nous mettent en garde contre les dangers de l'uberisation[189] qui est née de deux bouleversements. Le premier est le fait de Wall Street ; le second, de la Silicon Valley : Wall Street prône la pénurie et l'austérité tandis que la Silicon Valley exalte l'abondance et l'innovation[190]. Au carrefour a émergé « l'ubérisation » qui est le point de jonction entre ces deux phénomènes entrelacés. L'innovation est venue combler ces espaces devenus vacants, désertés par les politiques publiques rendues exsangues par des crises financières à répétition. Le fétiche de l'innovation ne doit pas occulter le marasme économique et social induit par la crise financière. Le développement d'Uber traduit, en contrepoint, la déréliction des transports publics et le report des consommateurs vers une solution alternative plus fonctionnelle.

Toute la question est de savoir dans quelle voie le droit doit et va s'engager pour appréhender l'économie collaborative. Disons-le d'emblée : c'est l'un des défis contemporains du droit et tout particulièrement du droit économique[191]. Ce défi est d'autant plus délicat à relever que ces nouvelles pratiques économiques recouvrent des réalités très différentes et complexes. Une chose est sûre toutefois : le phénomène vient télescoper les cadres juridiques traditionnels de l'activité économique. En louant leurs biens, leur temps ou leur savoir-faire, les particuliers recherchent souvent un complément de revenu qui demeure modeste ; d'autres en font une véritable activité qui, de fait, devient commerciale. La frontière entre

---

[188] F. Turner, *Aux sources de l'utopie numérique. De la contreculture à la cyberculture, Stewart Brand, un homme d'influence,* Caen, C&F Editions, 2012.

[189] V. E. Morozov, « Résister à l'uberisation du monde », *Le monde diplomatique,* septembre 2015, p. 1.

[190] V. E. Morozov, *Le Mirage numérique. Pour une politique des big data,* Les Prairies ordinaires, 2015.

[191] Sur l'originalité du droit économique et notamment de l'école de droit économique de Nice, v. G. J. Martin (dir.), Le droit économique aujourd'hui, D. 2010, p. 1436 ; L'Ecole niçoise de droit économique, RIDE, n° 4/2013 (numéro spécial rendant hommage à l'école de Nice et à trois de ses fondateurs récemment disparus).

le marchand et le non-marchand s'estompe et soulève de nombreuses questions sous l'angle juridique. Assurément, l'économie collaborative interroge le droit, le met à l'épreuve d'une révolution qu'il n'avait pas anticipée et qui s'inscrit difficilement dans les canons juridiques préexistants. « L'ubérisation » de l'économie bouleverse le droit et les piliers sur lesquels il repose. Le législateur devra s'en préoccuper sérieusement : une étude de PriceWaterhouseCoopers a évalué à 335 milliards de dollars la taille de cette économie à l'horizon de 2025, contre 15 milliards aujourd'hui.

C'est dans cette perspective de questionnement du droit face à l'ubérisation que nous pourrions envisager quelques pistes de réflexion, en état d'ébauche, articulées respectivement autour de l'ubérisation dans le droit (1) et d'un droit de l'ubérisation (2).

§ 1. L'ubérisation dans le droit

Comment le système juridique a-t-il perçu le phénomène de l'ubérisation de l'économie ? Avec *Uber* et autres plateformes similaires, l'économie collaborative a largement dépassé le stade d'une activité marginale. Elle a atteint une ampleur qui, de *prime* abord, a suscité l'inquiétude, voire l'hostilité. En effet, face au constat d'une concurrence au secteur économique traditionnel (A), la réaction première du droit a été défensive (B).

A - La concurrence au secteur économique traditionnel

Les acteurs des secteurs d'activité traditionnels concurrencés par les plateformes et places de marché collaboratives ont rapidement exprimé leur inquiétude. Le moins que l'on puisse dire est qu'ils se sont sentis menacés par la croissance de cette activité concurrente, par son « industrialisation » et sa « professionnalisation ». Il est vrai que certaines de ces plateformes ont développé une activité considérable. Par exemple, *BlaBlaCar* ou *Uber* sont des start-ups « milliardaires » qui lèvent chaque année des centaines de millions de dollars auprès des investisseurs. Les entreprises collaboratives occupent des parts de plus en plus importantes de marché, sans pour autant être soumises aux contraintes juridiques qui pèsent sur les acteurs traditionnels (ex. licence de chauffeur de taxi, normes des logements…).

Les réactions sont alors des plus vives. L'actualité en témoigne presque au quotidien. Chacun a en tête la mobilisation des chauffeurs de taxi vis-à-vis d'*UberPop* ou celle des entreprises de l'hôtellerie vis-à-vis d'*Airbnb*.

Plus singulièrement encore, le droit lui-même s'ubérise. En effet, les métiers juridiques n'échappent pas à cette concurrence. L'on voit aujourd'hui se multiplier les plateformes d'édition de documents juridiques, reposant sur l'utilisation d'algorithmes d'automatisation et d'informatisation des tâches et venant concurrencer l'activité d'avocat[192]. Le site américain *Legalzoom.com* propose ainsi, depuis une dizaine d'années, de générer quasi automatiquement et à moindre coût des documents juridiques sans faire intervenir un avocat. Le « marché » français a vu également éclore des sites *legal tech « low cost »* comme *Legalstart*, *Legalife* ou *Documentsjuridiques.com*, fournissant des documents juridiques grâce à des données renseignées sur un logiciel. Instantanément, cette tendance a provoqué une hostilité des avocats qui y ont vu une atteinte à leur monopole.

Que déduire de cette mise en concurrence avec les acteurs économiques traditionnels ? De façon générale et en schématisant quelque peu, deux options juridiques existent face à cette hostilité de la part des acteurs concurrencés par l'économie collaborative : protéger le *statu quo* ou ouvrir la concurrence[193]. À n'en pas douter, pour l'heure, c'est la protection du *statu quo* qui a été privilégiée un peu partout dans le monde et notamment en France.

B - La réaction défensive du droit

Le réflexe premier du droit a été celui du rejet de l'économie collaborative ou, en tout cas, celui d'une approche défensive, passant par l'emploi d'outils juridiques plus ou moins adaptés.

---

192 V. Accessibilité des services juridiques : un marché à conquérir pour les avocats, Enquête par A. Coignac, JCP G 2015, act. 708 ; Internet, les avocats et le marché du droit : la nouvelle donne, Tendance par É. Bonnet, JCP G 2013, prat. 822 ; S. de Silguy, Des documents juridiques désormais à portée de clics, RLDC avril 2016, n° 136, p. 55.

193 V. p. ex., N. Petit, Uber, Concurrent Déloyal ou Champion Libérateur de l'Économie du Partage ?, préc.

L'exemple d'*UberPop* est l'un des plus significatifs. La plateforme fait appel à des chauffeurs non professionnels, ce qui laisse *a priori* apercevoir de nombreuses anomalies, que ce soit sur le terrain de la sécurité, du travail non déclaré ou de l'atteinte au monopole des taxis sur le stationnement et la maraude[194]. Le service a d'ailleurs été interdit dans des dizaines d'États.

Pourtant, de grandes difficultés ont émergé quant à la qualification juridique des agissements fautifs, qui révèlent l'inadaptation des outils classiques du droit à ce phénomène nouveau. Sans doute, le vide juridique n'existe-t-il jamais totalement. Le droit de l'entreprise a pu être utilisé, tout particulièrement au titre des pratiques commerciales déloyales[195]. En revanche, il a été impossible de poursuivre les chauffeurs pour exercice illégal de la profession de taxi du fait d'absence d'autorisation de stationnement et de maraudage sur la voie publique,[196] car, dans les faits, ils ne stationnent ni ne maraudent dans les rues. C'est sur leur *smartphone* que les chauffeurs trouvent leurs clients. Ces nouveaux rivaux des taxis n'ont ainsi pu être poursuivis que pour exercice illégal de la profession de VTC, qu'ils concurrencent aussi[197].

En définitive, l'interdiction d'*UberPop*[198] s'est fondée sur la loi *Thévenoud* n° 2014-1104 du 1er octobre 2014 qui avait créé une nouvelle incrimination de travail au noir dans le domaine des transports : celle de toute mise en relation des clients avec des particuliers qui effectuent des transports routiers « à titre onéreux » sans être des entreprises de transport, des taxis ou des VTC. Les juges hésitaient à appliquer cette incrimination pénale très générale qui aurait pu menacer les transports en covoiturage. Par sa décision du 22 septembre 2015[199], le Conseil constitutionnel a validé le texte et donc, confirmé l'illégalité d'*UberPop*. Très symbolique, cette

---

194 C'est-à-dire, la possibilité de prendre en charge un client dans la rue.

195 *Uber* a été condamné à 150.000 euros d'amende pour pratiques commerciales trompeuses, pour avoir présenté *UberPop* comme du covoiturage, v. Paris, Pôle 4, Ch. 10, 7 déc. 2015.

196 Art. L. 3124-4, C. transports.

197 Art. L. 3124-7, C. transports.

198 Service suspendu en juillet 2015 dans l'attente de la QPC.

199 Cons. const., 22 sept. 2015, n° 2015-484 QPC, *Uber France SAS et autres*, JO 25 sept., p. 17083, texte n° 78 ; D. 2015, p. 1892.

disposition apparaît ainsi comme l'une des premières à assujettir une activité de l'économie collaborative. À l'évidence, l'idée est de fermer la concurrence dans la mesure du possible, de bloquer le développement de ces plateformes.

La même approche défensive a été tentée à l'égard des plateformes d'édition de documents juridiques. Or, ici encore, les difficultés sont considérables. Interrogé sur le point de savoir si l'activité de ces sites constituait une forme d'exercice illicite de la profession d'avocat, le tribunal correctionnel de Paris a répondu par la négative, jugeant que s'ils offraient une aide automatisée aux justiciables pour l'accomplissement des actes de procédure, ils ne pratiquaient pas de conseil juridique. D'où l'absence d'infraction à la loi de 1971[200]. L'on peut citer également la victoire du site « *DemanderJustice.com* » qui propose aux internautes de les aider à faire valoir leurs droits pour les petits litiges de la vie quotidienne, relaxé récemment au titre de l'exercice illégal du métier d'avocat[201].
Ces difficultés donnent à réfléchir, d'autant plus qu'elles s'inscrivent dans une tendance plus générale, annoncée par Jeremy Rifkin[202] ou Jean-Pierre Gaudard[203], de la « fin des travailleurs », y compris des « travailleurs du savoir » - ceux du travail intellectuel qualifié, que l'on a cru longtemps à l'abri de l'automatisation et des progrès technologiques des algorithmes et de l'intelligence artificielle. Or, il faut admettre que le travail humain est en recul, tout comme les coûts qui lui sont inhérents. La procédure d'*e-Discovery* en témoigne particulièrement bien, qui permet une recherche électronique juridique dans des millions de documents, à même de détecter des comportements, des modes de pensée, des concepts[204]... Bien évidemment, il ne faut pas exagérer la portée de ce phénomène qui, d'ailleurs, n'est pas nécessairement négatif. Le besoin d'avocats, de professeurs, de magistrats ne disparaîtra pas, mais les effectifs humains risquent bel et bien de décroître pour se recentrer sur ce qui

---

[200] TGI Paris, 30e ch. corr., 13 mars 2014, n° 13248000496 et n° 13248000544, JCP G 2014, 578, obs. C. Bléry et J.-P. Teboul.
[201] S. de Silguy, Des documents juridiques désormais à portée de clics, préc.
[202] J. Rifkin, La nouvelle société du coût marginal zéro, *op. cit.*
[203] J.-P. Gaudard, La fin du salariat, éd. François Bourin, 2013.
[204] Les cabinets américains qui l'utilisent estiment qu'avec ce logiciel, le travail de recherche mobilisant avant 500 avocats peut être désormais effectué par un seul, et avec plus d'exactitude…

fait la substance du travail humain : la créativité, l'analyse, la décision, l'ingénierie[205]...
En tout cas, qu'il soit atteint dans ses métiers ou dans sa fonction normative, le droit est dépassé, submergé presque par cette nouvelle économie, ses conséquences, sa complexité et ses nombreuses interférences. Sans doute naturel, son premier réflexe est donc défensif et, dans le même temps, malaisé à mettre en œuvre en raison de ses ressorts trop classiques. À la réflexion, les limites de cette approche prohibitive indiquent une autre voie, plus réaliste et plus adaptée. C'est ce que l'on pourrait appeler un droit de l'ubérisation, qu'il appartient désormais au juriste de bâtir.

§ 2. Un droit de l'ubérisation

Accueillir plutôt qu'interdire, accompagner plutôt que résister : telle pourrait être, voire devrait être, l'approche du droit à l'égard de l'économie collaborative dans les années à venir. En effet, le phénomène appelle aujourd'hui un véritable droit de l'ubérisation, conçu pour lui et apte à l'appréhender. S'enfermer dans une démarche défensive, prohibitive face aux entreprises du modèle collaboratif est, assurément, voué à l'échec. Ces entreprises risquent de résister dans tous les cas, vu l'ampleur de l'activité collaborative, et de basculer vers une économie parallèle. Au contraire, une approche d'accueil et d'anticipation permettrait de réguler ces activités émergentes et d'offrir à ce capitalisme qui se renouvelle, un cadre juridique adapté. Soulignons aussi qu'une régulation de l'économie collaborative est d'autant plus nécessaire que les entreprises classiques elles-mêmes sont incitées à l'imiter pour se réinventer sous l'effet de la concurrence qu'elles subissent. L'évolution est déjà en cours[206]. Les plateformes et places de marché ont vocation à devenir un modèle et un standard économique pour l'ensemble des professionnels. Pour preuve, ces jeunes praticiens du droit qui voient dans les plateformes une opportunité de renouveler les métiers juridiques. En atteste par exemple la plateforme « *Share Your Knowledge – SYK* », présentée par ses fondateurs comme une communauté numérique dédiée aux

---

[205] Bien d'autres métiers sont concernés également : traducteurs, médecins, radiologues, comptables, graphistes, spécialistes du marketing...
[206] Par exemple, certaines compagnies de taxis utilisent déjà les plateformes pour développer leur activité.

métiers juridiques et destinée à permettre aux professionnels du droit (avocats, notaires, huissiers et autres auxiliaires de justice) de partager leurs connaissances[207]. C'est dire que les procédés de cette économie nouvelle dépassent de loin leurs utilités primitives et engendrent un réel besoin de droit.

Cela implique, néanmoins, une réflexion d'envergure et un travail de remise à plat de bon nombre de règles classiques. Le droit des affaires, pensé pour l'entreprise du 19e et du 20e siècle est profondément mis à mal et peine à appliquer ses prescriptions traditionnelles (A). Bien de vieux paradigmes et distinctions s'effondrent face à ces évolutions et méritent d'être reconsidérés. C'est là un chantier majeur pour le droit économique et la méthode de l'analyse substantielle, qui suppose de discerner de nouvelles catégories juridiques. L'enjeu étant alors d'en proposer une nouvelle régulation juridique[208] (B).

A - Les piliers du droit mis à mal

À bien des égards, l'ubérisation de l'économie et le progrès technologique qui la sous-tend mettent à mal des catégories juridiques fondamentales et familières aux juristes. Des piliers entiers du droit sont ébranlés, à commencer par la propriété, le contrat, la responsabilité, l'entreprise... Quelques exemples suffisent pour apercevoir l'importance de cette remise en cause.

Quelle est la nature juridique précise de ces plateformes et places de marché ? Les juristes sensibles à cette question nous alertent déjà sur le fait que ces hébergeurs atypiques ayant une « discrète communauté d'intérêts »[209] avec leurs utilisateurs, ne sauraient être réduits à de simples courtiers. Tant l'étendue de leurs obligations contractuelles que les conditions de leur responsabilité vis-à-vis des tiers sont à revoir en profondeur[210].

Que reste-t-il ici de la distinction entre professionnels et consommateurs ? L'économie collaborative, du moins dans son

[207] S. de Silguy, Des documents juridiques désormais à portée de clics, préc.

[208] V. G. J. Martin (dir.), Le droit économique aujourd'hui, préc. ; J.-B. Racine et F. Siiriainen, Retour sur l'analyse substantielle en droit économique, RIDE 2007, p. 259.

[209] L. Duong Godefroy, Vers une régulation juridique des places de marché de commerce en ligne entre particuliers, préc.

[210] *Ibid.*

schéma d'origine, place de simples particuliers des deux côtés de la chaîne. À partir de quand faut-il considérer que l'activité devient professionnelle ? Comment et quand percevoir l'impôt ? Faut-il traiter juridiquement les prestataires de services ou fournisseurs collaboratifs comme des opérateurs autonomes et distincts des plateformes ? Quelles obligations imposer pour protéger les utilisateurs de ces biens et services et à la charge de qui ? À l'évidence, le cadre juridique est entièrement à repenser. Les curseurs mêmes de l'activité professionnelle et de l'entreprise sont à déplacer.
Une autre question de taille est celle du choix de la structure juridique servant de support à ces nouvelles entreprises. Ici encore, le vieux s'accommode mal du nouveau. Prise dans sa globalité, cette nouvelle activité économique est, bien sûr, basée sur le profit, mais n'en reste pas moins placée également sous le signe du partage, de l'entraide et de l'utilité sociale, à mi-chemin de l'activité lucrative et de l'activité d'intérêt général. Faut-il se contenter des structures juridiques classiques offertes à l'entreprise dont les contours sont devenus trop étroits pour permettre à cette économie de s'épanouir ? Nous ne le pensons pas. D'un côté, en effet, se trouvent les entreprises de l'économie sociale et solidaire (ESS) : associations, mutuelles, coopératives. Le secteur est en croissance, mais son cadre juridique ne permet pas véritablement le développement d'une activité économique importante[211]. De l'autre côté se trouvent les sociétés de droit commercial reposant, comme toutes les sociétés, sur le contrat de société régi par l'article 1832 du Code civil[212]. Or, même à imaginer un élargissement statutaire de l'objet social à des considérations d'intérêt général, cette organisation juridique questionne[213]. Est-elle compatible avec la définition légale de la société ? Comment apprécier la conformité à l'intérêt social d'une activité mi-lucrative, mi-désintéressée ? Comment qualifier la faute de gestion d'un dirigeant dans ce contexte atypique ? Il faut sans doute voir au-delà et autrement.

---

[211] Il convient, cependant, de noter la brèche ouverte par la loi du 31 juillet 2014 permettant d'inclure dans ce secteur les sociétés commerciales gérées d'une certaine manière, dans une certaine finalité, dans une approché tournée vers le long terme, la protection des salariés, le commerce équitable…

[212] Contrat visant le partage des bénéfices ou la réalisation d'une économie.

[213] V. L. Nurit-Pontier, L'inscription statutaire, vecteur juridique de RSE ?, Rev. sociétés 2013, p. 323.

Un dernier exemple, des plus sensibles, de la mise à mal des notions juridiques classiques, peut être pris dans la distinction entre salarié et travailleur indépendant. Voilà un clivage qui risque de se dissoudre[214] dans la relation inédite entre la plateforme et les fournisseurs ou prestataires de services qui l'utilisent. Comment se contenter ici d'un simple lien contractuel entre un autoentrepreneur (ex. un chauffeur d'*Uber*) et son courtier (la plateforme), quand la réalité renvoie à une nouvelle et redoutable dépendance économique ? D'ailleurs, les attentes de ces particuliers-indépendants ajoutent à la complexité de la tâche. Les chauffeurs de VTC exigent eux-mêmes la création d'un « syndicat » pour défendre leurs droits face à *Uber* qui leur impose les tarifs de la course, les conditions de travail…
En somme, les bouleversements sont si importants et fondamentaux qu'ils commandent nécessairement une régulation juridique nouvelle et spécifique.

B - Le besoin d'une nouvelle régulation juridique

Il faudra certainement beaucoup de temps et de travail pour qu'une régulation adaptée se mette en place afin d'appréhender les questions nouvelles engendrées par l'économie collaborative. D'instinct, le juriste perçoit l'utilité d'une telle régulation pour accueillir l'économie collaborative. C'est lui laisser toute son ampleur et son utilité, au lieu de surprotéger des secteurs cartellisés, sans pour autant la laisser au-dessus de la loi et hors du droit[215]. Un système d'autorégulation se forme d'ailleurs déjà,[216] mais ne saurait, bien évidemment, suffire.
À dire vrai, il s'agirait aussi de revoir les procédés classiques du droit. Légiférer, réguler de façon traditionnelle ne serait pas ici entièrement

---

[214] V. déjà, sur la remise en cause plus générale de la manière de concevoir la relation de travail, J.-P. Gaudard, La fin du salariat, *op. cit.*
[215] V. B. G. Edelman, D. Geradin, *Efficiencies and Regulatory Shortcuts : How Should We Regulate Companies like Airbnb and Uber ?*, *Working Paper* 16-026, *Harvard Business School*, 2015, disponible sur http://ssrn.com/abstract=2658603 : « *Thus, we do not favor "deregulation," but rather an updated regulatory framework that is sufficiently flexible to allow software platforms to operate and deliver their efficiencies, while ensuring that service providers, users and third parties are adequately protected from harms that may arise from services provided through these platforms.* ».
[216] Impliquant, par exemple, la présentation des prestataires sur les plateformes, une notation systématique par les usagers, etc.

satisfaisant. Plus qu'un socle de règles figées, l'évolution appelle une forme de « pilotage » mouvant et flexible, s'emparant au plus près de ces pratiques qui se renouvellent à un rythme que les méthodes habituelles du droit ne sauraient soutenir.
L'on songe, naturellement, à des contrats régulièrement mis à jour pour s'adapter aux relations contractuelles complexes qui se nouent entre les prestataires ou fournisseurs, les plateformes et leurs utilisateurs[217] ; à une obligation d'assurance[218] et des assurances appropriées ; à un minimum d'informations des utilisateurs, un minimum de garanties de qualification et de formation[219] et un minimum de normes de qualité[220] ; à une protection *sui generis* des travailleurs indépendants vis-à-vis des plateformes ; à un contrôle de la concurrence propre au secteur collaboratif ; à un contrôle des discriminations, etc.

Par ailleurs, il y une exigence impérative d'établir une fiscalité spécifique, sous la forme, par exemple, d'une retenue à la source. Certains exploitants de sites collaboratifs en sont déjà conscients. Conformément au nouvel article L. 2333-34 du Code général des collectivités territoriales, *Airbnb* a ainsi convenu avec les mairies de Chamonix, puis de Paris, de collecter la taxe de séjour due par les touristes qui louent un appartement meublé sur son site, au grand dam des hôteliers traditionnels. Nul doute que ce prélèvement à la source s'étendra à d'autres communes. Le Sénat a récemment rendu un rapport relatif à la fiscalité de l'économie collaborative, suggérant d'imposer aux sites mettant en relation des clients et des prestataires de transmettre les identités et les montants au fisc, par l'intermédiaire d'une plateforme centralisatrice indépendante[221]. Plus généralement, le rapport formule deux propositions : d'une part, l'instauration d'une franchise unique de 5 000 euros pour tous les revenus de l'économie collaborative ; d'autre part, la mise en place d'un système de déclaration automatique des revenus, à partir des informations dont

[217] Soulignons à cet égard que la technologie relativement nouvelle de la *blockchain sera sans doute utilisée pour accompagner cette régulation contractuelle.*
[218] Quid par exemple d'un accident de la circulation impliquant un chauffeur *Uber* non assuré ?
[219] Notamment pour les chauffeurs.
[220] P. ex., pour les logements échangés.
[221] Sénat, rapp., 17 sept. 2015, L'économie collaborative : Propositions pour une fiscalité, simple, juste et efficace.

disposent déjà les plateformes, en vue de simplifier les obligations du contribuable et les tâches de l'administration. En clair, le groupe de travail propose un impôt moins élevé, mais plus sûrement collecté.

Par ailleurs, il faudra construire le droit de ces nouvelles plateformes, dont le rôle et les responsabilités devront être définies. Les questions qu'elles suscitent sont nombreuses : les plateformes de consommation collaborative et leurs usagers participent-ils d'un affranchissement des logiques de propriété ? Est-ce un partage choisi ou subi[222] ? La plateforme remet en cause une distinction essentielle du droit des biens, qui singularise la propriété et la possession. Nous pouvons citer à cet égard le slogan du site Mutum, spécialisé dans le prêt d'objets entre particuliers : « plus on partage, plus on possède ! ».

Certes, la substance de cette nouvelle régulation reste encore entièrement à définir. Là n'est pas le plus important. L'essentiel est de susciter une réelle mobilisation des pouvoirs publics, des régulateurs et des juristes en général pour poser les jalons de ce droit de l'ubérisation. De fait, des initiatives existent déjà, comme en atteste le rapport rendu en février 2016 par le député Pascal Terrasse sur l'économie collaborative[223]. Le législateur lui-même s'empare de la question, au point que l'on évoque désormais les « premiers pas d'un droit "Airbnb" »[224]. La fiscalité[225] ou l'information des utilisateurs des

---

[222] V. R. Botsman et R. Rogers, *What's mine is yours : the rise of collaborative consumption,* New York, HarperCollins, 2011.

[223]Rapport sur l'économie collaborative au premier ministre, Février 2016, Mission confiée à Pascal Terrasse, député de l'Ardèche.

[224] P. Storrer, Les premiers pas d'un "droit Airbnb", D. 2016, p. 265.

[225] V. art. 242 bis, CGI, créé par la loi de finances pour 2016 n° 2015-1785 du 29 déc. 2015 : « *I. - Les entreprises, quel que soit leur lieu d'établissement, qui mettent en relation à distance, par voie électronique, des personnes en vue de la vente d'un bien, de la fourniture d'un service ou de l'échange ou du partage d'un bien ou d'un service sont tenues de fournir, à l'occasion de chaque transaction, une information loyale, claire et transparente sur les obligations fiscales et sociales qui incombent aux personnes qui réalisent des transactions commerciales par leur intermédiaire. II. - Les entreprises mentionnées au I adressent, en outre, à leurs utilisateurs, en janvier de chaque année, un document récapitulant le montant brut des transactions dont elles ont connaissance et qu'ils ont perçu, par leur intermédiaire, au cours de l'année précédente* ».

activités collaboratives[226] ont déjà leur ébauche d'encadrement juridique.

Au-delà de cette régulation propre au secteur collaboratif, c'est le droit privé tout entier qui est amené à s'adapter au phénomène. Pour ne citer que cet exemple emblématique, l'évolution souligne très largement la nécessité de réformer aujourd'hui le droit des sociétés pour lui permettre d'accueillir l'entreprise collaborative. Les pistes sont variées et bien des droits étrangers s'y sont déjà engagés. L'on songe à de nouvelles formes de sociétés commerciales conciliant profit et intérêt général, telles la *Benefit corporation*, la *Low-profit limited liability company* (dite « L3C ») ou *Flexible Purpose Corporation* américaines[227]. De façon plus ambitieuse encore, et comme certains législateurs l'ont fait ailleurs[228], l'idée se profile peu à peu d'une redéfinition légale du contrat de société[229] dans le Code

---

[226] V. art. L. 111-5-1, C. Consom, créé par la loi « Macron » n° 2015-990 du 6 août 2015 « (...) *toute personne dont l'activité consiste à mettre en relation, par voie électronique, plusieurs parties en vue de la vente d'un bien, de la fourniture d'un service ou de l'échange ou du partage d'un bien ou d'un service est tenue de délivrer une information loyale, claire et transparente sur les conditions générales d'utilisation du service d'intermédiation et sur les modalités de référencement, de classement et de déréférencement des offres mises en ligne. (...) Lorsque seuls des consommateurs ou des non-professionnels sont mis en relation, la personne mentionnée au premier alinéa du présent article est également tenue de fournir une information loyale, claire et transparente sur la qualité de l'annonceur et les droits et obligations des parties en matière civile et fiscale* ». Soulignons que l'ordonnance n° 2016-301 du 14 mars 2016 codifiant à droit constant le code de la consommation impliquera un changement de numérotation à compter du 1er juillet 2016.

[227] L'objet de ces sociétés est légalement élargi à des considérations d'intérêt général, ce qui permet en même temps de protéger leurs dirigeants dont la politique irait au-delà de la simple maximisation de la valeur actionnariale. On retrouve la même idée dans la *Community Interest Company* (CIC) britannique (*Companies Act* de 2004), qui doit agir dans l'intérêt d'une *community*, laquelle peut être soit la population dans son ensemble, soit un secteur ou un groupe de personnes déterminé de manière précise et objective. V. D. Poracchia, D. Martin, Regard sur l'intérêt social, Rev. sociétés 2012, p. 475.

[228] V. p. ex. le droit belge où l'équivalent de notre article 1832 du code civil a été modifié pour énoncer que la société a pour but « *de procurer aux associés un bénéfice patrimonial direct ou indirect, à moins que...l'acte de société en dispose autrement* ». *Ibid.*

[229] V. p. ex., J. Attali, Pour une économie positive, La documentation française, 2013. Rappelons également que dans sa version primitive, le projet de loi Macron pour la croissance, l'activité et l'égalité des chances économiques contenait une

civil lui-même, de sorte que toute société puisse ouvrir ses horizons à l'économie collaborative et plus généralement à la RSE.
En tout cas, partagé entre pessimisme et optimisme, entre inquiétude et soif de progrès, le monde du droit ne saurait rester indifférent à l'ubérisation de l'économie. Une chose est sûre, en effet : ce bouleversement économique et technologique provoque simultanément une secousse, en elle-même bénéfique, du droit.

---

disposition prévoyant de modifier l'article 1833 du code civil (disposant actuellement « *Toute société doit avoir un objet licite et être constituée dans l'intérêt commun des associés* ») en ajoutant que la société devait en outre « *être gérée au mieux de son intérêt supérieur, dans le respect de l'intérêt général économique, social et environnemental* ».

La réforme de la prescription pénale[230]

Christine COURTIN

La prescription est au cœur du fonctionnement de la justice pénale, de l'action publique jusqu'à l'exécution de la peine. En droit répressif, toute prescription est extinctive ou bien libératoire. Les droits que la prescription pénale a pour objet ou pour effet d'éteindre sont, ou bien les droits d'action qui prennent naissance dans l'infraction, ou bien les droits d'exécution qui prennent naissance dans la condamnation, c'est-à-dire les manifestations juridiques du droit de punir. Par suite, la prescription constitue un mode d'extinction commun au droit de poursuite des infractions et au droit d'exécution des condamnations pénales.

C'est la prescription de l'action publique qui fait l'objet des plus vives critiques en doctrine et c'est à son égard que la jurisprudence manifeste une réelle hostilité. La confusion régnant à l'heure actuelle en la matière rend nécessaire une réforme d'ensemble. Mon propos concernera donc principalement la prescription de l'action publique.

Je voudrais d'abord dresser un bref panorama de la situation actuelle résultant des évolutions de la matière qui viennent toutes du fait que notre société n'accepte plus qu'une infraction, à l'exception des infractions mineures, ne reçoive pas de réponse judiciaire, dans un contexte d'exacerbation des droits des victimes.

Je m'interrogerai ensuite sur l'articulation et la cohérence du dispositif en proposant quelques pistes possibles pour une réforme d'ensemble du système.

---

[230] Cette contribution a fait l'objet d'une publication dans le Rapport d'information de la Commission des lois de l'Assemblée nationale n° 2778, *La réforme de la prescription pénale : moderniser le droit, renforcer la sécurité juridique*, mai 2015, pp. 161-168.

I. La prescription de l'action publique : un manque de lisibilité nuisant au principe de sécurité juridique

La complexité des règles relatives à la prescription de l'action publique provient de l'instauration d'exceptions toujours de plus en plus nombreuses non seulement à la règle générale relative aux délais de prescription, mais surtout aux règles générales relatives à la fixation du point de départ du délai de prescription.

L'introduction de ces diverses exceptions témoigne de l'hostilité manifestée à l'encontre de l'institution elle-même par le législateur, mais surtout par la jurisprudence.

De fait, on peut déplorer d'une part une intervention désordonnée du législateur qui entame l'unité nécessaire à la crédibilité de l'institution et d'autre part un arbitraire prétorien dans la fixation du point de départ du délai de prescription qui nuit au principe de sécurité juridique.

A. Une intervention désordonnée du législateur

Il est admis classiquement que le délai de prescription de l'action publique varie suivant la qualification légale de l'infraction. C'est ainsi qu'il est de dix ans pour les crimes (art. 7 CPP), de trois ans pour les délits (art. 8 CPP) et d'un an pour les contraventions (art. 9 CPP). Or, la multiplication des exceptions législatives à la règle générale des délais de prescription inscrite aux articles 7 à 9 du CPP entame l'unité de l'institution qui reposait logiquement sur la classification tripartite des infractions.

Certaines infractions ont été considérées comme imprescriptibles telles que les crimes contre l'humanité (art. 213-5 CP). Le législateur a encore instauré des délais spéciaux, plus brefs ou plus longs.

Le délai de prescription est par exemple abrégé à trois mois pour les infractions en matière de presse (art. 65 loi du 29 juillet 1881). En la matière, la publicité de l'infraction justifie la brièveté du délai de poursuite et la liberté d'expression ne pourrait se satisfaire d'une durée plus longue. Cependant, la loi *Perben II* du 9 mars 2004 est venue ajouter un nouvel article 65-3 à la loi du 29 juillet 1881 aux termes duquel, le délai de prescription est désormais d'une année pour les délits de diffamation ou d'injure à caractère racial, ethnique et religieux, de provocation à des discriminations à caractère racial, ethnique et religieux, ou de contestation de crimes contre l'humanité. Par ailleurs, en matière électorale, le délai de prescription est de 6 mois à compter du jour de la proclamation des résultats. La courte prescription serait ici imposée par une considération d'ordre public, celle de rendre incontestables les résultats d'une élection.

Le délai de prescription est en revanche allongé dans de nombreuses hypothèses. L'allongement de la prescription se justifie tout d'abord par le fait que certains comportements, outre leur gravité ou leur monstruosité, sont indicibles. Les victimes peinent à mettre des mots sur les actes qu'elles ont subis. Elles ont besoin de temps pour comprendre et pour formuler leur détresse. Ainsi, l'imprescriptibilité des crimes contre l'humanité se justifie par la spécificité et l'horreur de tels crimes ainsi que par l'incompréhension qu'ils provoquent. Cette dérogation aux règles générales de la prescription est une réponse du droit au devoir de mémoire. L'imprescriptibilité, en tant qu'obstacle à l'impunité, doit également dissuader de la commission de tels crimes.

L'allongement de la prescription pour les infractions commises contre les mineurs se justifie par le fait que ces derniers, en raison de leur jeune âge, peuvent éprouver des difficultés accrues lorsque les auteurs sont des proches ou des personnes ayant autorité sur eux, à dénoncer des agissements dont ils sont victimes. C'est pourquoi le législateur a décidé de reporter le point de départ du délai de prescription de certaines infractions commises contre des mineurs au jour de leur majorité et a augmenté la durée du délai de prescription de certaines infractions commises contre ces derniers. En effet, suite à la loi du 9 mars 2004, le délai de prescription de l'action publique des crimes visés à l'article 706-47 CPP et commis contre des mineurs est désormais de vingt ans. Cela concerne le meurtre ou l'assassinat précédé ou accompagné d'un viol, de tortures ou d'actes de barbarie, ainsi que le viol simple ou aggravé incriminé aux articles 222-23 à 222-26 du Code pénal (art. 7, al. 3 CPP). En outre, la prescription des délits mentionnés à l'article 706-47 CPP et commis contre des mineurs est de dix ans. Il s'agit des délits d'agressions sexuelles, d'atteintes sexuelles ou de recours à la prostitution d'un mineur incriminés aux articles 222-27 à 222-31, 225-12-1 et 227-22 à 227-27 du Code pénal, sauf les délits des articles 222-30 et 227-26 pour lesquels la prescription passe à vingt ans. Le régime dérogatoire de la prescription de l'action publique en matière d'infractions contre les mineurs résulte de lois successives venues remanier au coup par coup le domaine des infractions visées et les délais de prescription. Les auteurs sont nombreux aujourd'hui à dénoncer la démesure temporelle et les incohérences prescriptives d'un régime qu'ils qualifient d'hyperdérogatoire. De plus, la législation distingue selon l'âge du mineur victime. Si le mineur de 15 ans bénéficie de la prescription dérogatoire, il n'en va pas de même pour le mineur entre 15 et 18 ans qui reste soumis au délai de droit commun sauf à caractériser une circonstance aggravante.

L'allongement du délai de prescription se justifie ensuite par la volonté du législateur de dissuader particulièrement certains criminels. Le délai est par exemple allongé pour les actes de terrorisme et pour les infractions de trafic de stupéfiants : l'action publique se prescrit par trente ans en cas de crime et par vingt ans en cas de délit (art. 706-25-1 et 706-31 CPP). Cependant, en la matière, l'absence de tout débat préalable laisse perplexe quant au choix des infractions retenues.

En principe, le délai de prescription commence à courir à compter du jour où l'infraction a été commise, la détermination de cette date dépendant de la nature de l'infraction (instantanée, continue, de résultat ou d'habitude). Mais dans un certain nombre d'hypothèses, en vue d'une meilleure efficacité de la répression, le législateur retarde expressément le point de départ du délai de prescription. Par exemple, en matière électorale, la prescription ne court qu'à compter du jour de la proclamation des résultats de l'élection (art. L. 114 Code électoral) ; en matière d'usure, du jour de la dernière perception d'intérêt ou de capital (art. L. 313-5 C. consom.). Mais surtout, pour les crimes et les délits visés à l'article 706-47 CPP et commis contre des mineurs, la prescription ne court qu'à partir de la majorité de ces derniers (art. 7 et 8 CPP modifiés par la loi du 9 mars 2004).

B. Un arbitraire prétorien dans la fixation du point de départ du délai de prescription

Dans des hypothèses de plus en plus nombreuses, la jurisprudence n'hésite pas à retarder le point de départ du délai de prescription. Cette hostilité à l'égard de la prescription de l'action publique se manifeste principalement de deux manières : d'une part, par la transformation d'une infraction instantanée en infraction continue ; d'autre part, par la prise en compte de la clandestinité de l'acte délictueux.

Le fait de savoir si, dans une affaire donnée, la prescription de l'action publique est ou non acquise, suppose que soit résolue, au préalable, la question du point de départ du délai de ladite prescription. Or, pour déterminer cette date, tout dépendra de la nature de l'infraction. Par principe, le point de départ de la prescription se situe, pour les infractions instantanées, au jour de la commission de l'infraction et pour les infractions continues, au jour de la fin de l'activité délictueuse. Or, il est évident que la jurisprudence de la Cour de cassation n'apparaît pas toujours orthodoxe s'agissant de la structure des infractions pénales. Et elle n'hésite pas à qualifier de « continues » des infractions qui, pourtant dans leur principe, sont « instantanées ».

Deux exemples permettront d'illustrer cette politique prétorienne arbitraire.

Le premier exemple concerne l'infraction d'escroquerie. Traditionnellement, il est admis que l'escroquerie est une infraction instantanée dont le délai de prescription commence à courir le jour de la remise. Or, la jurisprudence décide que, en matière d'escroquerie aboutissant à des remises successives, la prescription de l'action publique ne commence à courir qu'à partir de la dernière remise de fonds, que l'on se trouve dans le cas où les manœuvres constituent une opération délictueuse unique ou dans le cas où des manœuvres se sont répétées sur une longue période et forment entre elles un tout indivisible.

Le deuxième exemple peut être tiré d'un arrêt de la chambre criminelle du 17 janvier 2006. Dans cet arrêt, la Cour de cassation affirme clairement que le délit de publicité en faveur du tabac réalisé sur internet constitue une infraction continue qui se poursuit tant que le message litigieux reste accessible au public. Or, cette infraction est instantanée, le résultat étant obtenu dès que la publicité illégale est réalisée c'est-à-dire dès que la réglementation est transgressée. Cet arrêt constitue une nouvelle illustration de la jurisprudence visant à retarder le point de départ du délai de prescription au jour où le résultat illicite aura pris fin et qui se justifie par la volonté de sanctionner des infractions instantanées lorsque ces dernières laissent subsister, après leur consommation, des effets inadmissibles socialement.

C'est surtout à propos des infractions clandestines que la jurisprudence a rendu des solutions *contra legem* en retardant le point de départ du délai au jour où ces infractions auront pu être constatées « dans des conditions permettant l'exercice de l'action publique ». Cette jurisprudence trouve à s'appliquer s'agissant d'infractions clandestines par nature ou s'agissant d'infractions dissimulées grâce à des manœuvres de leur auteur, comme pour l'abus de confiance ou pour l'abus de biens sociaux avant que cette règle d'exception ne prolifère à de nombreux délits. Récemment, l'Assemblée plénière de la Cour de cassation a été amenée à se prononcer sur l'application des règles de la prescription s'agissant d'infanticides dissimulés dans un arrêt du 7 novembre 2014. Cette décision a autant été saluée que critiquée par la doctrine. Dans cet arrêt, l'Assemblée plénière, faisant référence à la notion de suspension de la prescription, a considéré que, « *si, selon l'article 7, alinéa 1er, du code de procédure pénale, l'action publique se prescrit à compter du jour où le crime a été commis, la prescription est suspendue en cas d'obstacle insurmontable à l'exercice des poursuites* ». Or, en l'espèce, il s'agissait de savoir si, en cas d'homicides volontaires dissimulés sur des nouveau-nés, le point de départ du délai de prescription pouvait être reporté au jour de la découverte du crime. En effet, la suspension ne concerne nullement le point de départ du délai, mais traduit un empêchement pour la prescription de suivre normalement son cours. Elle trouve son fondement dans l'adage civiliste *contra non valentem agere non currit praescriptio* (qui, littéralement, signifie que la prescription ne court pas contre celui qui ne peut agir en justice). Finalement, en invoquant la suspension de la prescription en l'espèce, la Cour de cassation est parvenue à opérer un report de son point de départ.

II. Perspectives de réforme des règles de la prescription pénale

L'état des lieux en matière de prescription fait apparaître un manque criant de lisibilité. Seule l'instauration de règles claires et précises est de nature à restaurer en la matière une certaine sécurité juridique. Cela nécessite au préalable de repenser les fonctions qui sont aujourd'hui celles que doit remplir la prescription.

A. Repenser les fonctions de la prescription

Une réforme d'ensemble des règles de la prescription en matière pénale nécessite que l'on s'interroge au préalable sur les fondements contemporains de cette institution. Pour justifier la prescription, il y a des arguments qui ont toujours été avancés, mais qui aujourd'hui apparaissent dépassés.

La prescription repose traditionnellement sur l'idée qu'au bout d'un certain délai, dans un intérêt de paix et de tranquillité sociales, mieux vaut oublier l'infraction qu'en raviver le souvenir. Mais la prescription de l'action publique, présentée comme l'expression procédurale du droit à l'oubli, soulève aujourd'hui de nombreuses contestations à la fois d'ordre social et moral. Elle nuit à la protection de la société tout en profitant aux délinquants. Surtout, en matière de crimes, cette justification ne tient plus dans une société marquée par l'équité et soumise à la presse d'information.

La prescription viserait, en outre, à sanctionner la négligence des autorités : la société perdrait son droit de punir parce qu'elle ne l'aurait pas exercé en temps voulu. Cet argument cède aujourd'hui devant les nouvelles formes de criminalité qui laissent apparaître des mécanismes de perversion et parfois d'organisation autrefois inconnus.

On a encore pu justifier la prescription pénale par des considérations liées à la psychologie du délinquant. En effet, le coupable, en cherchant à échapper aux poursuites ou à la sanction, a dû vivre dans la crainte et le remords. Dès lors, la peine aurait perdu tout caractère rétributif, en même temps que le danger social se serait estompé. En outre, la prescription constituerait un bon moyen de politique criminelle puisque le coupable aurait intérêt à ne pas s'exposer une nouvelle fois en commettant une infraction. Or, une telle vision angélique du délinquant apparaît inadaptée dans notre société.

La prescription de l'action publique a encore pu être justifiée par la volonté de lutter contre les risques d'erreurs judiciaires découlant avec le temps du dépérissement des preuves. Mais cette raison factuelle ne tient plus non plus aujourd'hui au regard de l'évolution des nouvelles technologies ni du développement de la lutte scientifique contre le crime.

Finalement, il apparaît aujourd'hui que la prescription de l'action publique est davantage pensée au travers des fonctions qu'elle peut remplir dans une politique criminelle qu'au travers de ce qui peut la fonder. Mais quelles peuvent être ces fonctions ?

Tout d'abord, les interventions législatives successives ayant pour objet l'allongement des délais de prescription font apparaître que la prescription devient une échelle de gravité des infractions, concurrente à celle des peines. En effet, l'instauration d'exceptions aux règles générales de prescription constitue pour le législateur contemporain le moyen de témoigner l'importance qu'il attache à la poursuite et à la sanction de certains faits en même temps qu'elle traduit une prise en considération des intérêts des victimes. Ensuite, la prescription constitue une limite posée par le législateur à la tentation d'une expansion sans fin de la réponse pénale.

La réforme d'ensemble du dispositif conduit à se poser une première question, celle du maintien ou non de cette cause d'extinction de l'action publique. Il me semble que l'on ne peut envisager de renoncer à la prescription, et ce, pour trois raisons au moins. En premier lieu, la prescription est une institution profondément enracinée dans notre tradition juridique. En second lieu, renoncer à la prescription entraînerait par voie de conséquence la perte de spécificité des crimes contre l'humanité, seules infractions ou presque imprescriptibles. Enfin, la nécessité de préserver la prescription apparaît au regard du respect du principe conventionnel du droit à être jugé dans un délai raisonnable.

Mais s'il apparaît difficile de renoncer à la prescription, force est de constater que les lois de circonstance ou la jurisprudence ont considérablement entamé le principe même de l'institution. Une réforme est nécessaire et cette réforme doit impérativement passer par la réaffirmation de principes qui ont été progressivement occultés. Si tout principe doit avoir des exceptions, trop d'exceptions nuisent à l'existence même du principe.

Une réforme de la prescription se doit d'assurer un certain équilibre entre les différents intérêts en présence : intérêts de la société tout d'abord qui a droit à la sécurité et qui dispose aujourd'hui de moyens renforcés d'élucidation des infractions ; intérêts des parties ensuite (droit à un procès équitable et à être jugé dans un délai raisonnable pour l'auteur de l'infraction ; droits des victimes d'être reconnues comme telles et d'obtenir réparation).

L'État, au terme de son pouvoir régalien, doit rendre la justice à celui qui la réclame. Mais il convient également de noter l'interférence du délai raisonnable tant en ce qui concerne l'auteur que la victime, qui peuvent en matière de prescription avoir une vision opposée du temps d'où la nécessité d'une réponse pénale adaptée dans un délai raisonnable.

B. Plusieurs pistes envisageables

Sur la forme, les règles relatives à la prescription de l'action publique sont inscrites soit dans le Code pénal (par exemple pour les crimes contre l'humanité ou les crimes contre l'espèce humaine) soit dans le code de procédure pénale (art. 7 à 9 (règles générales) ; art. 706-47 pour les infractions commises contre les mineurs ; art. 706-25-1 et 706-31 pour les infractions de terrorisme et de trafic de stupéfiants).

Ce faisant, l'absence d'une règle unique, c'est-à-dire l'inscription des règles de prescription dérogatoires dans le Code pénal pour chaque infraction concernée ou le report de toutes ces règles dans le code de procédure pénale peut être regrettée en ce qu'elle ne favorise pas la lisibilité des règles pénales.

Sur le fond, une réforme des règles relatives à la durée du délai de prescription, de celles relatives à son point de départ ainsi qu'une réforme des règles relatives à l'interruption de la prescription sont nécessaires.

Ce sont tout d'abord des principes clairs au travers des délais de prescription qui doivent être réaffirmés. En effet, la restauration de la sécurité juridique suppose en la matière que l'on revienne sur l'anarchie gouvernant l'édiction de délais spéciaux dérogatoires. Pour ce faire, plusieurs voies de réforme sont envisageables.

• Réviser les délais de prescription de droit commun dans le sens d'un allongement

La fixation de trois durées distinctes selon la nature de l'infraction (crime, délit ou contravention) doit être maintenue, car elle permet de prendre en compte la gravité des infractions et assure une réelle lisibilité du droit. Mais, la nécessaire prise en compte des droits des victimes ainsi que l'évolution des techniques d'investigation pourraient permettre un allongement raisonnable des délais de prescription. Il est vrai que les délais actuels de prescription de l'action publique peuvent apparaître injustifiés au regard de l'évolution des techniques d'enquête qui recourent largement aux nouvelles techniques scientifiques. Le recours aux preuves génétiques ouvre dorénavant de plus larges possibilités aux services enquêteurs. De fait, les justiciables ne comprennent pas qu'un crime odieux puisse rester impuni du fait d'une disposition procédurale.

Ces délais rénovés pourraient être trois ans pour les contraventions, cinq ans pour les délits et vingt ans pour les crimes. Il y aurait ainsi une parfaite homogénéité entre les délais de prescription de l'action publique et ceux de la prescription des peines.

On peut également concevoir qu'en raison de la faible gravité des contraventions, le délai d'un an paraît satisfaisant. En revanche, les délais en matière criminelle et délictuelle qui n'apparaissent plus satisfaisants pourraient être portés respectivement à 15 ans et 5 ans comme d'ailleurs l'avait préconisé la commission des lois du Sénat en 2007.

• Continuer à prévoir comme aujourd'hui des délais spéciaux pour les comportements qui nécessitent une répression particulière en raison de la valeur de l'intérêt protégé

La réforme n'empêcherait pas de conserver quelques délais dérogatoires, mais parfaitement délimités eu égard à la nature intrinsèque de l'infraction et du trouble spécifique occasionné à l'ordre public (trafic de stupéfiants ou actes de terrorisme) ou à la primauté de libertés fondamentales comme en matière de presse.

Pour les infractions de nature sexuelle, le droit positif prévoit déjà des délais dérogatoires en faveur des mineurs (20 ans pour les crimes et 10 ou 20 ans pour les délits). L'allongement du délai de prescription ne doit pourtant pas être limité aux seules infractions commises contre les mineurs, car une victime majeure peut avoir les mêmes difficultés à se confier et à se reconnaître victime. Il pourrait être prévu une prescription de 20 ans pour tous les crimes sexuels et de 10 ans pour tous les délits sexuels. Par ailleurs, il pourrait être sauvegardé pour les mineurs le report du point de départ du délai de prescription au jour de leur majorité.

Pour les infractions de criminalité organisée, il pourrait tout d'abord être envisagé d'étendre les délais de prescription prévus en matière de terrorisme et de trafic de stupéfiants à tous les trafics en réseau. Comment expliquer par exemple que l'infraction de traite des êtres humains destinée à sanctionner des atteintes à la dignité humaine ne bénéficie pas d'un allongement du délai de prescription ?

Ne faudrait-il pas prévoir par exemple que les infractions de délinquance et de criminalité organisée fassent l'objet d'un traitement identique au regard de la prescription de l'action publique dans la mesure où la loi Perben II du 9 mars 2004 est venue instituer en ce qui les concerne un régime procédural dérogatoire du droit commun notamment en ce qui concerne la recherche des preuves (garde à vue, écoutes téléphoniques, sonorisations et fixations d'images).

Il faut ensuite revenir sur l'insécurité juridique découlant de l'indétermination de la liste des infractions dont le point de départ du délai de prescription est reporté. Cette situation se conciliant d'ailleurs très mal avec le caractère d'ordre public de la prescription qui n'a jamais été contesté.

Puisque le point de départ du délai de prescription fixé par la loi « le jour où l'infraction a été commise » n'apparaît plus satisfaisant aujourd'hui au regard du caractère clandestin de certaines infractions, du souci de rendre justice aux victimes, on peut envisager la généralisation d'un report de ce point de départ en légalisant la formule jurisprudentielle c'est-à-dire en fixant ce point de départ au jour où l'infraction « est apparue et a pu être constatée ». Il s'agirait ainsi de fixer le point de départ de la prescription au jour de la découverte de l'infraction.

Il convient enfin de procéder à un encadrement légal de la notion d'interruption de la prescription. Prévoir une liste exhaustive des actes interruptifs de la prescription n'apparaît pas envisageable. En revanche, il est possible de préciser la notion d'actes d'instruction ou de poursuite qui sont interruptifs.

Un article du code de procédure pénale pourrait prévoir le critère finaliste des actes interruptifs : sont des actes interruptifs les actes d'instruction ou de poursuite c'est-à-dire les actes réalisés en vue d'établir la preuve d'une infraction et de confondre le cas échéant ses auteurs. Il conviendrait également d'intégrer parmi les actes interruptifs, les simples plaintes des victimes adressées au parquet. En effet, aujourd'hui, de telles plaintes ne sont pas interruptives de prescription, car en vertu du principe de l'opportunité des poursuites du parquet, elles n'ont pas vocation à provoquer la mise en œuvre des poursuites le parquet étant libre de décider des suites à donner à la procédure. Aujourd'hui, dans cette hypothèse, pour engager des poursuites, la victime doit se constituer partie civile auprès d'un juge d'instruction. Cependant, une simple plainte est dans l'esprit des justiciables le moyen de saisir la justice. En déposant plainte, le justiciable a bien la volonté de provoquer des poursuites. De plus, cela coïnciderait avec la jurisprudence selon laquelle le procès-verbal de police recueillant la plainte de la victime d'une infraction est interruptif du délai de prescription.

Pour conclure, quelques mots sur la prescription de la peine. Le régime de la prescription relative aux peines prononcées diffère de celui relatif à l'action publique. Il est de vingt années pour les crimes, cinq années pour les délits et deux années pour les contraventions, à compter du moment où les condamnations sont devenues définitives. Or, aucune justification pertinente n'a jamais été donnée sur ces durées. En la matière, une décision de justice est venue prononcer une condamnation pénale. Or, le principe de l'effectivité de la justice pourrait justifier une imprescriptibilité de la peine. D'une manière générale, la matière ne peut se contenter comme aujourd'hui de la juxtaposition de modifications législatives et du développement d'une jurisprudence contraire à la lettre de la loi. La réforme envisagée devra éviter à l'avenir une remise en cause des grands principes du droit pénal et permettre de restaurer la sécurité juridique.

Le parquet et la CEDH

par Jean-François RENUCCI

I. La notion d' « autre magistrat »

La notion d' « autre magistrat ». – Il n'y a guère de difficultés d'interprétation pour la notion de juge, car il s'agit dans tous les États parties à la Convention de magistrats du siège exerçant des fonctions juridictionnelles. En revanche, celle de magistrat est incertaine.

Qui est cet « autre magistrat » au sens de l'article 5 § 3 de la Convention, et plus particulièrement peut-il s'agit d'un parquetier, celui-ci n'étant pas un « juge » stricto sensu, mais il est bien considéré comme un magistrat dans les législations nationales. En définitive, et au bout d'une importante évolution, la notion de magistrat contenue dans l'article 5 § 3 s'est rapprochée de la conception du « tribunal indépendant et impartial » de l'article 6.

En premier lieu, la Cour européenne a jugé que l'article 5 § 3 peut englober les magistrats du parquet comme ceux du siège, mais sous certaines conditions :

- d'abord, il doit être indépendant à l'égard de l'exécutif et des parties ;
- ensuite, il doit entendre personnellement l'individu qui est traduit devant lui ;
- enfin, il doit se prononcer selon des critères juridiques sur l'existence de raisons justifiant la privation de liberté et, en leur absence, ordonner l'élargissement (**CEDH, 4 déc. 1979, *Schiesser c/ Suisse***).

La Cour est allée encore plus loin dans la précision. C'est ainsi qu'elle a jugé que du seul fait d'avoir la possibilité d'exercer des poursuites, l'impartialité d'un procureur peut paraître sujette à caution (**CEDH, 23 oct. 1990, *Huber c/ Suisse***). De plus, il importe peu que cela soit effectif, car cette simple éventualité suffit à jeter un doute : cette jurisprudence a d'ailleurs été confirmée

(**CEDH, 26 nov. 1992, *Brincat c/ Italie***) et n'a jamais été remise en cause.

L'arrêt *Niedbalah* a de plus précisé opportunément que le simple fait que les procureurs, en plus d'exercer un rôle de poursuivant, agissent aussi comme gardiens de l'intérêt public, ne peut être considéré comme leur accordant un statut judiciaire (**CEDH, 4 juill. 2000, *Niedbala c/ Pologne***).

Enfin, l'arrêt *Pantea* a rappelé l'importance des apparences objectives : si le magistrat peut intervenir dans la procédure pénale ultérieure en qualité de partie poursuivante, son indépendance et son impartialité sont sujettes à caution (**CEDH, 3 juin 2003, *Pantea c/ Roumanie***).

Allant jusqu'au bout de cette logique et, tirant finalement toutes les conclusions de leur jurisprudence, les juges européens ont (dans un premier temps) affirmé que **le procureur de la République n'est pas une *« autorité judiciaire »*** au sens que la jurisprudence de la Cour donne à cette notion, car il lui manque, en particulier, l'indépendance à l'égard du pouvoir exécutif (**CEDH, 10 juill. 2008, *Medvedyev c/ France***, § 61, *D.* 2009 Jur., p. 600, note J.-F. RENUCCI).

Saisie de la difficulté la Grande chambre n'est pas allée aussi loin (**CEDH, Gr. Ch., 29 mars 2010, *Medvedyev c/ France***, *D.* 2010, p. 1386, note J.-F. RENUCCI) : il est vrai que la question ne se posait plus en raison de l'apparition soudaine et inattendue d'un juge d'instruction dans la procédure (…), de sorte que les requérants n'ont pas été présentés à cet « autre magistrat » qui pose problème quand c'est un parquetier, mais à un « juge » qui lui n'en pose pas.

Malgré tout la Cour a rappelé sa jurisprudence traditionnelle, précisant que le magistrat de l'article 5 doit présenter les garanties requises d'indépendance à l'égard de l'exécutif et des parties, ce qui exclut notamment qu'il puisse agir par la suite contre le requérant dans la procédure pénale, à l'instar (précise-t-elle) du ministère public... C'est dire que même si la Grande chambre n'a pas repris l'affirmation de la Chambre déniant au parquet la qualité d'autorité judiciaire, la situation française reste préoccupante dans la mesure où si le magistrat du parquet peut être cet « autre magistrat » de l'article 5, c'est sous certaines conditions... conditions qui justement ne sont pas parfaitement remplies par le parquet français. D'ailleurs, quelques mois plus tard la France a été à nouveau condamnée : **(CEDH, 23 nov. 2010, *Moulin c/France*, D. 2010, p. 277 note J.-F. RENUCCI)**.

La Cour l'a d'ailleurs rappelé tout récemment, les arrêts *Ali Samatar et autres* (**CEDH, 4 déc. 2014, *Ali Samatar et autres c/ France***) d'une part, et *Hassan et autres* (**CEDH, 4 déc. 2014, *Hassan c/ France*,** D. 2015 p. 303 note J.-F. RENUCCI), d'autre part, ayant indiqué clairement que **« le procureur de la République ne peut passer pour *un juge ou un autre magistrat habilité par la loi à exercer des fonctions judiciaires* au sens de l'article 5 § 3 de la Convention** ».

En effet, la double question de son indépendance et de son impartialité se pose :
- d'une part, l'indépendance est en cause puisque le parquet est hiérarchisé et qu'au sommet de cette hiérarchie il y a le garde des Sceaux qui est un représentant éminent du pouvoir exécutif ;
- d'autre part, son impartialité est aussi en cause puisque la possibilité de déclencher les poursuites fait partie de ses prérogatives essentielles. Cette préoccupation n'est cependant pas nouvelle (entre autres, J.-F. RENUCCI, *Le procureur de la République est-il un « magistrat » au sens européen du terme ?* Mél. Cohen-Jonathan, Bruylant 2004, p. 1345 s.).

Mais la Cour européenne ne condamne pas pour autant le parquet et suggère encore moins une réforme de son statut.

En réalité, si le parquetier n'est pas cet « autre magistrat » au sens de l'article 5 de la Convention, son intervention reste possible pendant une garde à vue, y compris pour la contrôler : **toutefois, cette intervention n'est possible que dans les trois jours, car au-delà l'intervention d'un juge du siège s'impose** pour être conforme aux exigences européennes : si la France a été à nouveau condamnée dans l'affaire *Moulin* (préc.), c'est justement parce que l'intervention du juge du siège n'est intervenue que le cinquième jour suivant l'arrestation.

Mais justement, ce court délai est-il encore d'actualité

II. Le bref délai

L'adverbe « aussitôt ». – Les États ont une obligation positive : ils doivent amener automatiquement la personne privée de liberté devant un magistrat, le contrôle ne pouvant être rendu tributaire d'une demande formée par cette dernière.

Mais il a toujours été admis que l'article 5 § 3 n'impose pas une présentation immédiate au juge : celle-ci doit certes être rapide, mais elle n'a pas à suivre instantanément la privation de liberté.

Dès lors, les circonstances de la cause sont capitales. Mais il est évident que l'État doit assurer un élargissement rapide ou une prompte comparution devant une autorité judiciaire (**CEDH, 29 nov. 1988, *Brogan et autres c/ Royaume-Uni***).

L'adverbe « aussitôt » évoque l'idée d'imminence. Si le contrôle juridictionnel lors de la première comparution de la personne arrêtée doit avant tout être rapide, c'est parce qu'il doit permettre de détecter tout mauvais traitement et de réduire au minimum toute atteinte injustifiée à la liberté individuelle : la stricte limite de temps imposée par cette exigence ne laisse guère de souplesse dans l'interprétation, sous peine de porter atteinte à la garantie procédurale de l'article 5 et à la substance même du droit protégé par lui.

Les juges européens ont apporté d'importantes précisions, notamment dans l'affaire *Brogan* (préc.), de sorte que l'on s'oriente vers un délai d'environ quatre jours pour les affaires délicates présentant un caractère exceptionnel. En revanche, aucune précision n'avait été apportée pour les affaires ne présentant pas un tel caractère exceptionnel, mais l'on pouvait penser qu'alors une privation de liberté n'excédant pas trois jours pourrait être une solution réaliste : par la suite, l'arrêt *Varga* devait se prononcer en ce sens.

Toutefois, dans trois arrêts rendus contre la France, les affaires *Vassis*, *Ali Samatar* et *Hassan*, la Cour a semblé vouloir raidir sa position (**CEDH, 27 juin 2013, *Vassis et autres c/ France***, RPDP 2013, p. 705, obs. J.-F. RENUCCI).

Les requérants ayant été arrêtés en haute mer, **ce n'est pas le temps nécessaire pour l'acheminement qui a posé problème, la difficulté ayant déjà été tranchée** (voir notamment l'affaire « *Medvedyev* »), **mais le temps de présentation au juge après avoir accosté**.

Certes, la jurisprudence de la Cour EDH ne remet pas formellement en cause cette règle selon laquelle l'absence de comparution pendant ce délai de deux ou trois jours n'est pas contraire à l'exigence de promptitude de l'article 5, laps de temps pendant lequel le procureur de la République, même s'il n'est pas considéré comme cet "autre magistrat" au sens de la Convention, ni même comme une « autorité judiciaire », peut néanmoins intervenir (du moins en théorie). Mais la marge d'appréciation des États est assurément moins grande.

En effet, si le contrôle juridictionnel de l'article 5 § 3 doit en toute hypothèse intervenir dans un délai maximum de quatre jours après l'arrestation, sauf circonstances tout à fait exceptionnelles, un délai plus court peut cependant se révéler incompatible avec l'exigence de promptitude que pose ce même article lorsque des circonstances spécifiques justifient une présentation plus rapide devant un magistrat **(cf *Ali Samatar*, préc.)**.

C'est dire que si ce « court délai » est encore d'actualité, les autorités n'en disposent pas pour autant de manière automatique et discrétionnaire : **la Cour a clairement indiqué que ce court délai n'a pas pour finalité de mettre à leur disposition un délai dont elles auraient la libre jouissance pour compléter le dossier d'accusation (*Ali-Samatar*, préc.). La précision est capitale**.

C'est la raison pour laquelle la France a été condamnée dans ces trois affaires, les juges européens estimant que le délai d'acheminement aurait dû permettre aux autorités nationales de présenter les suspects à un « juge » dès leur arrivée en France, sans attendre 48 heures, d'autant plus que les opérations d'interception étaient planifiées depuis plusieurs mois. Les requérants auraient donc dû être traduits devant « un juge ou un autre magistrat habilité par la loi à exercer des fonctions judiciaires » dès leur arrivée en France et « sans délai ».

Sommes-nous dès lors en présence d'une disparition programmée de ce délai de deux à quatre jours sous le seul contrôle du parquet ? La promptitude de la présentation à un « juge » devra-t-elle à court terme se confondre avec son immédiateté, ladite présentation devant se faire « sans délai », sauf peut-être circonstances exceptionnelles ? Il semble bien qu'il en soit désormais ainsi.

Certes, dans les affaires *Vassis*, *Ali Samatar* et *Hassan*, les circonstances étaient spécifiques dans la mesure les suspects avaient été arrêtés en haute mer, loin des côtes françaises, et nul doute que le temps nécessaire à l'acheminement était de nature à permettre de préparer l'arrivée des requérants sur le territoire national.

Sans doute, mais la Cour rappelle avec force qu'il faut respecter la lettre, mais aussi l'esprit de l'article 5 : le but de cet article est de permettre de réduire au minimum toute atteinte injustifiée à la liberté individuelle afin de protéger l'individu, par un contrôle automatique initial, et ce dans une stricte limite de temps qui ne laisse guère de souplesse à l'interprétation.

De plus, la Cour a confirmé cette jurisprudence dans une affaire où la question de l'acheminement du requérant ne se posait pas, retenant d'autres circonstances exceptionnelles. C'est ainsi qu'elle a estimé dans son arrêt ***Gustanovi*** qu'une garde à vue d'une durée de trois jours et cinq heures violait l'article 5 § 3 : compte tenu du fait que le prévenu n'était pas impliqué dans une activité criminelle violente, qu'il était psychologiquement fragilisé et qu'il avait déjà participé à plusieurs mesures d'instruction, sa présentation à un juge s'imposait dès le lendemain de son arrestation, d'autant plus que le Gouvernement n'a pas justifié cette lenteur (**CEDH, 15 oct. 2013, *Gutsanovi c/ Bulgarie***).

La Cour enfonce encore un peu plus le clou de l'inconventionnalité des pratiques nationales consistant à retarder, sans justifications concrètes, la présentation du suspect arrêté à un juge au sens de l'article 5.

Dans le cadre de l'article 5 § 3 et de cette obligation de traduire « aussitôt » toute personne privée de sa liberté devant un juge ou un autre magistrat habilité par la loi à exercer des fonctions judiciaires, la donne est désormais sensiblement différente : **le principe est celui d'une présentation « sans délai », la présentation « à court délai » devenant l'exception**, justifiée par des circonstances très exceptionnelles tenant à l'éloignement géographique, voire à la nature de l'infraction ou encore à la personnalité des intéressés….

Doctoriales – 07/11/2015

L'HARMATTAN ITALIA
Via Degli Artisti 15; 10124 Torino

L'HARMATTAN HONGRIE
Könyvesbolt ; Kossuth L. u. 14-16
1053 Budapest

L'HARMATTAN KINSHASA
185, avenue Nyangwe
Commune de Lingwala
Kinshasa, R.D. Congo
(00243) 998697603 ou (00243) 999229662

L'HARMATTAN CONGO
67, av. E. P. Lumumba
Bât. – Congo Pharmacie (Bib. Nat.)
BP2874 Brazzaville
harmattan.congo@yahoo.fr

L'HARMATTAN GUINÉE
Almamya Rue KA 028, en face
du restaurant Le Cèdre
OKB agency BP 3470 Conakry
(00224) 657 20 85 08 / 664 28 91 96
harmattanguinee@yahoo.fr

L'HARMATTAN MALI
Rue 73, Porte 536, Niamakoro,
Cité Unicef, Bamako
Tél. 00 (223) 20205724 / +(223) 76378082
poudiougopaul@yahoo.fr
pp.harmattan@gmail.com

L'HARMATTAN CAMEROUN
BP 11486
Face à la SNI, immeuble Don Bosco
Yaoundé
(00237) 99 76 61 66
harmattancam@yahoo.fr

L'HARMATTAN CÔTE D'IVOIRE
Résidence Karl / cité des arts
Abidjan-Cocody 03 BP 1588 Abidjan 03
(00225) 05 77 87 31
etien_nda@yahoo.fr

L'HARMATTAN BURKINA
Penou Achille Some
Ouagadougou
(+226) 70 26 88 27

L'HARMATTAN SÉNÉGAL
10 VDN en face Mermoz, après le pont de Fann
BP 45034 Dakar Fann
33 825 98 58 / 33 860 9858
senharmattan@gmail.com / senlibraire@gmail.com
www.harmattansenegal.com

L'HARMATTAN BÉNIN
ISOR-BENIN
01 BP 359 COTONOU-RP
Quartier Gbèdjromèdé,
Rue Agbélenco, Lot 1247 I
Tél : 00 229 21 32 53 79
christian_dablaka123@yahoo.fr

Achevé d'imprimer par Corlet Numérique - 14110 Condé-sur-Noireau
N° d'Imprimeur : 131696 - Dépôt légal : septembre 2016 - *Imprimé en France*

www.ingramcontent.com/pod-product-compliance
Lightning Source LLC
LaVergne TN
LVHW021236061026
849535LV00008B/3079